主祷文

我们在天上的父：
愿人都尊你的名为圣。
愿你的国降临；
愿你的旨意行在地上，
如同行在天上。
我们日用的饮食，今日赐给我们。
免我们的债，
如同我们免了人的债。
不叫我们遇见试探；
救我们脱离凶恶。
因为国度、权柄、荣耀，全是你的，
直到永远。阿们！

The Lord's Prayer

Our Father which art in heaven, Hallowed be thy name.
Thy kingdom come.
Thy will be done in earth,
as it is in heaven.
Give us this day our daily bread.
And forgive us our debts,
as we forgive our debtors.
And lead us not into temptation,
but deliver us from evil:
For thine is the kingdom,
and the power, and the glory,
for ever. Amen.

十诫

神吩咐这一切的话说：“我是耶和华－你的神，曾将你从埃及地为奴之家领出来。

第一诫 除了我以外，你不可有别的神。

第二诫 不可为自己雕刻偶像，也不可做什么形像仿佛上天、下地，和地底下、水中的百物。不可跪拜那些像，也不可侍奉它，因为我耶和华－你的神是忌邪的神。恨我的，我必追讨他的罪，自父及子，直到三四代；爱我、守我诫命的，我必向他们发慈爱，直到千代。

第三诫 不可妄称耶和华－你神的名；因为妄称耶和华名的，耶和华必不以他为无罪。

第四诫 当记念安息日，守为圣日。
六日要劳碌做你一切的工，但第七日是向耶和华－你神当守的安息日。这一日你和你的儿女、仆婢、牲畜，并你城里寄居的客旅，无论何工都不可做；因为六日之内，耶和华造天、地、海，和其中的万物，第七日便安息，所以耶和华赐福与安息日，定为圣日。

诗篇

THE CHINESE PSALTER

우리시대

诗篇

초판 1쇄 발행 2022년 7월 11일

펴낸이 신덕례
편집장 권혜영
펴낸곳 우리시대
경기도 고양시 덕양구 마상로 102번길 53
SNS woorigeneration
Email woorigeneration@gmail.com

디자인 토라디자인 (010-9492-3951)
유통 기독교출판유통

ISBN 979-11-85972-44-2 13230

가격 10,000

诗篇

THE CHINESE PSALTER

序言

1517年的改革宗教其实是改革教会，改革教会的过程当中最重要的是改革‘敬拜’。敬拜对于基督徒而言，是最基本的而且是最本质的。因此如果敬拜不正确，基督徒过不正确的生活可能性非常大。为了作一名圣洁的基督徒，敬拜必须要不断地改革。

正确的敬拜是神所喜悦的敬拜，也是按着神命令来做的敬拜，因为敬拜的唯一的对象是神（出20:3），敬拜是献给神的。（公共）敬拜的所有的程序都非常重要，敬拜时的赞美也非常重要，所以关于赞美的改革也很重要的工作。诗篇是神所默示的神的话语，只有圣经是唯一神的特殊启示，也是真理的话语。圣经是我们生活和敬拜的唯一、最高，最终标准。旧约时代的圣徒也用诗篇来颂赞神了，耶稣和使徒们也经常引用了诗篇，也用诗篇来赞美神了，保罗也向以弗所教会的弟兄姐妹们曾经说过，要用诗篇来赞美主（当用诗章、颂词、灵歌、彼此对说，口唱心和的赞美主。-以弗所书5:19）。

改革宗教时期约翰·加尔文也在敬拜时用诗篇来赞美神了。在威斯敏斯特信条也记载公共敬拜时要用诗篇来赞美神（心被感恩歌唱诗篇-威斯敏斯特信条21章5条）。

现在接受并相信威斯敏斯特信条、比利时信条、海德堡教理问答和多特信经的全世界大部分的改革宗教会主日公共敬拜时在用诗篇来赞美神。也当然诗篇不是敬拜时的唯一的诗歌，但我们在敬拜完全的、全然圣洁的神的时候，使用圣灵完全的感动下记录的诗篇来赞美神，应该没有比这样更好的别的方式。

我希望中国教会的敬拜可以不断地改革，也希望敬拜中有圣灵充满和感动。为此中国教会应该将神所喜悦的正确的敬拜，献给至高神。我希望为了兴旺中国教会的敬拜，这本诗篇的诗歌作为小小的渠道。

荣耀归给神（SOLI DEO GLORIA!）。

当用各样的智慧，把基督的道理丰丰富富的存在心里，
用诗章、颂词、灵歌，彼此教导，互相劝戒，心被恩感，歌颂神。
(歌罗西书3:16)

2022年 6 月

朴东明(Timothy Park) 牧师

推荐词

对于基督徒而言，用诗章、颂词、灵歌彼此对说，口唱心和地赞美主，是理所当然的，并且只有基督徒才会这样认为。特别是改革宗教会的牧者和圣徒们，他们热爱真理，为了真理不惜辛苦的汗水，用神所默示的话语来赞美主，并丰富地在圣徒之间分享交通。这伟大的诗歌是从旧约时代开始就传唱至今的诗篇 。其中通过加尔文（John Calvin），贝扎（Theodore Beza）和苏格兰的诺克斯（John Knox）等代表人物的献身，宗教改革家找回了曾经失去过的珍贵遗产。从此以后这诗篇诗歌就成为了信仰传承的一环了。当我听到诗篇诗歌在中国也被翻译并被发行的消息的时候，我隐藏不了内心的无比喜悦。我恳切地祷告，求主彰显其无限恩典的荣耀，尽心地赞美神这件事可以在中国的基督徒之间更深广地流传开来。我衷心感谢为这份工作辛苦付出的信实的仆人朴东明牧师，也对直接在中国出版诗篇诗歌当中给予了很大帮助的我们时代出版社申东植牧师表示衷心地感谢。这诗篇诗歌能将患难、逼迫、痛苦、悲哀、感恩、喜乐、喜悦、叹息、感叹、哭泣和笑声等的情感升华为诗，歌颂主。我希望这诗篇诗歌能被真正的基督徒尽情地允分使用，也希望他们能够成为信仰的巨人。为此，我写下了以上推荐这本中国诗篇诗歌的话。

徐昌源牧师（前总神神学院教授，改革宗讲道研究院院长）

推荐词

教会用诗篇来赞美神，这无疑是最好的赞美方式了。用诗篇来赞美神从旧约以色列圣徒那时候就开始了，这也是耶稣和使徒们所唱的赞美诗。迦克墩会议（451年）等教会会议曾反对除了诗篇以外的所谓‘非启示性诗歌’。这不仅在16世纪的宗教改革家当中，还有所有的有正确信仰的属主的教会，不管在什么时候，都爱唱诗篇。爱神的话语并坚定相信神的主权的宗教改革家们，都深深地相信，正确的敬拜方式基本上都是在敬拜的时候，所有的会众都要用诗篇来赞美神。在韩国教会，诗篇诗歌长期以来一直没有被使用，虽然目前在会众唱赞美时也还没有得到稳定的使用，但是自21世纪以来，诗篇诗歌被翻译成韩文，并逐渐开始普及，现在有相当多的教会在公共敬拜时会唱诗篇诗歌。向中国教会也可以这样推荐用诗篇诗歌来敬拜，真的很感谢神。比起我们的赞美，我们需要更多的告白信仰（confessional）。 如今，教会因对赞美的争论而产生了巨大矛盾。要使用赞美诗歌，福音歌曲，CCM, 还是舞蹈敬拜，还有敬拜时乐器使用的问题等，关于教会音乐和赞美诗的争论，以后还会继续下去。在此，我想向中国改革宗教会说：用诗篇来赞美，是教会最合乎圣经的、最美好的赞美了。我们先抛开是否只能唱诗篇诗歌这种所谓的″论惟唱诗篇 (Exclusive Psalmody)″的争论，唱诗篇诗歌来赞美无疑是最好的最符合圣经的赞美,这一点是不需要争论的了。如果是改革宗教会的话，就不应该排斥诗篇诗歌，并应该喜欢且善于歌唱诗篇诗歌。诗篇是神赐给教会的宝贵礼物，对于渴慕真正的敬拜，并想要建立正确的敬拜和赞美之人而言，用诗篇诗歌来赞美，是改革教会和更新敬拜的很好出发点。

金俊范牧师（羊的门教会牧师）

推荐词

在新天新地的赞美会是怎么样的呢？我认为，全体百姓都一起同声合唱的赞美非诗篇莫属了。用诗和歌来表现的诗篇是教会的赞美诗。诗篇是以前耶稣和使徒常常唱颂的，也是教父和教会的改革家所爱唱的。诗篇诗歌显然在歌唱着三位一体的神，它使敬拜变得神圣而美丽。但在相当长的一段时间里，由于福音派教会的兴起，除了西方几个少数的改革宗教会还在传唱之外，用诗篇诗歌来敬拜神的这种形式在教会当中消失了。这导致了每个教会都合一同唱诗歌的传承被打破了。这并不是因为福音歌曲的兴起，而是因为诗篇诗歌消失了。在教会的建立当中，恢复使用诗篇诗歌来敬拜是非常重要的。从这一点看，可以为中国教会发行诗篇诗歌是特别感谢的事情。诗篇诗歌使我们用同样的话语，同样的诗歌，享受荣耀神的光荣。虽然每个国家的教会使用的语言不同，但同享话语与诗歌是一件非常光荣的事情。对于这件事，非常感谢改革宗宣教协议会(RMA)朴东明牧师的辛劳，做出了一件不容易的事。期待在未来，诗篇全150篇的诗歌都能够发行。另外，感谢为发行诗篇诗歌而辛苦工作的Tora设计公司的金镇宇弟兄和我们时代出版社编辑部权惠永部长为这件事情的努力。大家怀着对中国教会和圣徒的爱，成为了一体。希望通过中文诗篇诗歌，中国教会成为被神所使用的蒙福的仆人。荣耀归于三位一体的神。

申东植牧师（光和盐教会牧师，改革宗宣教协议会代表）

诗篇

THE CHINESE PSALTER

诗篇1篇

BLOXHAM

1=♭B 3/4

arr. by Timothy Park, 2014

Adapter from a melody in Williams' Psalmody, 1770

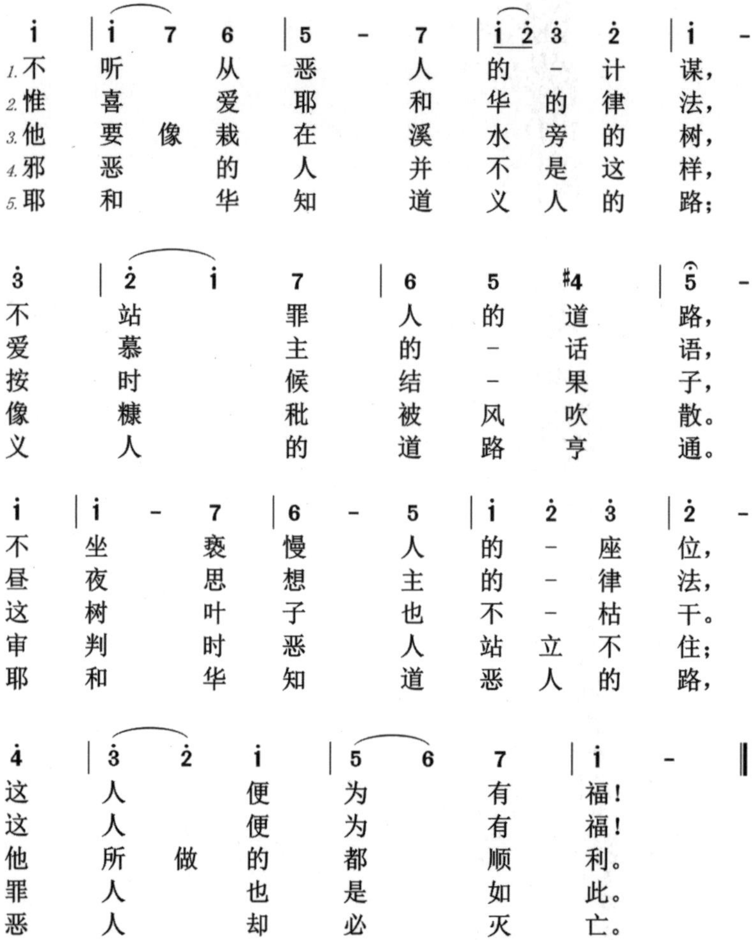

诗篇2篇

WESTMINSTER

1 = C $\frac{4}{4}$

arr. by Timothy Park, 2014 James Turle, 1802-1882

3 | 5 5 1 1̇ | 7 6 5 5 | 3̇ 7 1̇ 2̇ | 5 - -

1.外 邦 为 什 么 争 – 闹, 谋 算 虚 妄 的 事?
2.他 们 要 敌 挡 耶 和 华 并 他 的 受 膏 者,
3.坐 在 天 上 的 必 发 笑; 主 必 嗤 笑 他 们。
4.我 已 经 立 我 的 君 王 在 锡 安 圣 山 上。
5.你 们 君 王 应 当 省 悟! 你 们 该 受 管 教!

5 | 7 6 #5 6 | 1̇ 7 6 6 | 5 1 2 4 | 3 - - ‖

世 上 的 王 一 齐 起 来, 臣 宰 一 同 商 议。
挣 开 耶 和 华 的 捆 绑, 脱 去 主 的 绳 索。
他 在 怒 中 责 备 他 们, 也 要 惊 吓 他 们。
神 说, 你 是 我 的 儿 子, 我 今 日 生 了 你。
当 敬 畏 事 奉 耶 和 华, 当 战 兢 而 快 乐。

受膏者说:我要传圣旨。
耶和华曾对我说:你是我的儿子,我今日生你。
你求我,我就将列国赐你为基业,将地极赐你为田产。
你必用铁杖打破他们;你必将他们如同窑匠的瓦器摔碎。

诗篇2篇7-9节

诗篇3篇

ST. ANNE

1 = D 4/4

arr. by Timothy Park, 2014　　　　William Croft, Mus. Doc, 1678-1727

5 | 3 6 5 1̇ | 1̇ 7 1̇ 5 | 1 5 6 #4 | 5 - -

1.耶 和 华 啊，我 的 敌 人；他 们 来 攻 击 我。
2.但 我 的 主 耶 和 华 是 我 四 围 的 盾 牌，
3.主 听 我 恳 求 得 声 音，从 圣 山 应 允 我。
4.成 万 的 百 姓 攻 击 我，我 也 不 怕 什 么。
5.你 打 了 仇 敌 的 腮 骨，敲 碎 他 的 牙 齿。

7 | 1̇ 6 2̇ 7 | 1̇ 6 7 5 | 6 1̇ 2̇ 7 | 1̇ - - ‖

有 许 多 人 议 论 我 说；我 得 不 着 救 恩。
是 叫 我 抬 起 头 来 的，你 是 我 的 荣 耀。
我 躺 下 睡 觉，我 醒 着 耶 和 华 保 佑 我。
耶 和 华 啊，求 你 起 来 神 啊，求 你 救 我！
救 恩 属 我 的 耶 和 华；愿 你 赐 福 给 我。

但你—耶和华是我四围的盾牌，
是我的荣耀，又是叫我抬起头来的。
我用我的声音求告耶和华，
他就从他的圣山上应允我。

诗篇3篇3-4节

诗篇3篇5-8节

ST. THOMAS

1 = A 3/4

arr. by Timothy Park, 2014 | Ashworth's Collection, 1760

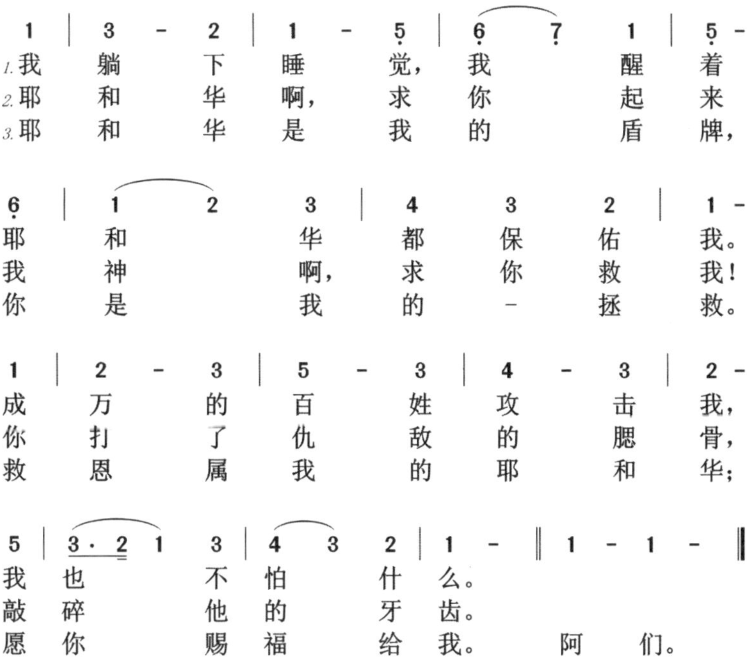

我躺下睡觉，我醒着，耶和华都保佑我。
虽有成万的百姓来周围攻击我，我也不怕。

诗篇3篇5-6节

诗篇5篇1-8节

BOYD

1= F $\frac{4}{4}$

arr. by Timothy Park, 2014 Joan J. Pinkston, b. 1947

1 | 3· 4 5 3 | 2 3 4 3 3 | 4· 5 6 6 | 5 - -

1. 耶和华啊，求你留心垂听我的言语，
2. 耶和华啊，早晨你必垂听我的声音；
3. 你不喜悦邪恶的事，恶人和狂傲人，
4. 凡作孽的，说谎言的，都是神恨恶的。
5. 我必凭你丰盛的爱进入你的居所；
6. 耶和华啊！凭你公义求主你引领我，

5 | 4· 3 2 2 | 5· 4 3 1 | 3· 4 3 2 | 1 - - ‖

顾念我的心思意念！因我向你祈祷。
我必向你陈明我的心意，并要警醒！
他们不能与你同居，不能站在主前。
好流人血弄诡诈的，都是神憎恶的。
我必存敬畏你的心向你的殿下拜。
使耶和华的道－路在我面前正直。

耶和华啊，早晨你必听我的声音；
早晨我必向你陈明我的心意，并要警醒！

诗篇5篇3节

诗篇8篇(1)

ST. ANNE

1 = D 4/4

arr. by Timothy Park, 2014

William Croft, Mus. Doc, 1678-1727

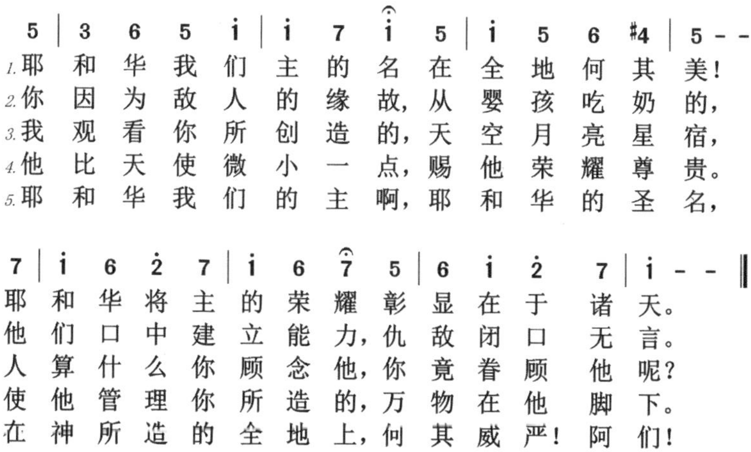

耶和华我们的主啊，
你的名在全地何其美！
你将你的荣耀彰显于天。

诗篇8篇1节

诗篇8篇（2）

GAINSBOROUGH

1 = G $\frac{3}{4}$

arr. by Timothy Park, 2022

Issac Smith, c. 1735-1800

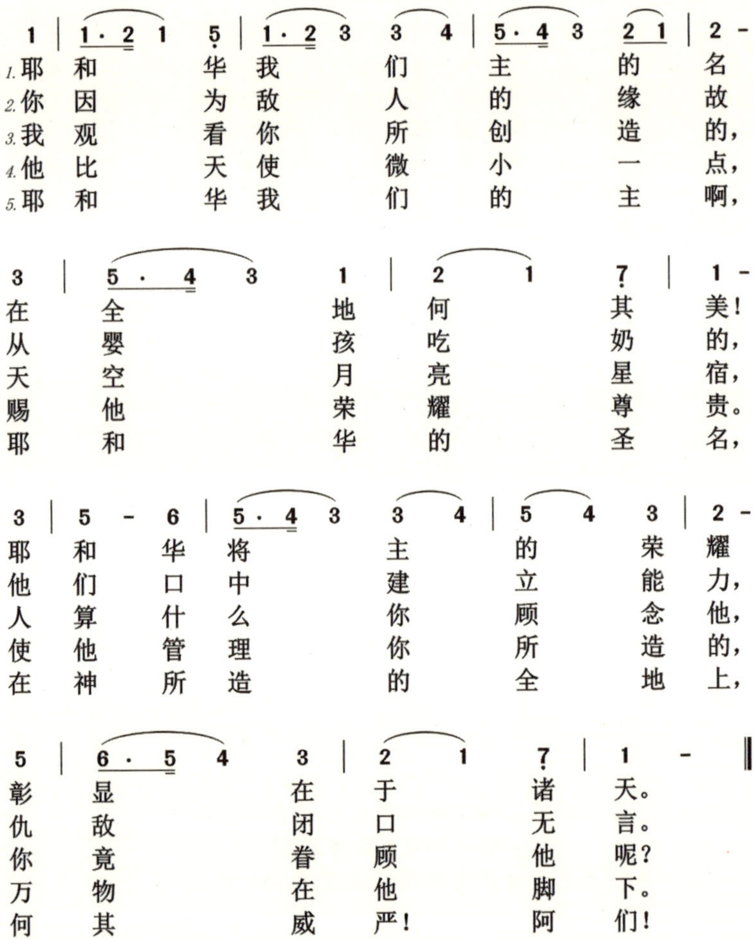

诗篇9篇1-11节

ST. PETER

1 = D $\frac{4}{4}$

arr. by Timothy Park, 2014 | Alexander R. Reinagle, 1799-1877

5 | 1̇ 7 6 5 | 5 4 3 3 | 2 1 4 3 | 2 - -

1. 耶和华啊，我要一心称谢主耶和华；
2. 我要因你欢喜快乐；歌颂你的圣名！
3. 耶和华坐在宝座上，要按公义审判。
4. 惟耶和华坐着为王，要按正直判断。
5. 耶和华啊，认识你的他们要倚靠你，
6. 你们应当歌颂居在锡安的耶和华，

3 | 4 3 6 5 | 5 4 3 1 | 3 2 1 7̣ | 1 - - ‖

我要传扬耶和华的一切奇妙作为。
我仇敌退去的时候，他们跌倒灭亡。
你曾涂抹恶人的名，直到永永远远。
你们在患难的时候，他是我的高台。
因耶和华没有离弃寻求上主的人。
将耶和华他所行的传扬在众民中。

耶和华啊，认识你名的人要倚靠你，
因你没有离弃寻求你的人。
应当歌颂居锡安的耶和华，将他所行的传扬在众民中。

诗篇9篇10-11节

诗篇12篇

GRAFENBERG

1＝G 4/4

arr. by Timothy Park, 2014　　　　Johann Cruger, 1598-1662

1 | 6 5 1 2 | 3 3 2 3 | 5 4 3 2 | 1 – –

1.耶 和 华 我 们 的 神 啊， 求 你 帮 助 我 们，
2.人 人 都 向 邻 舍 说 谎； 他 们 嘴 唇 油 滑。
3.他 们 一 曾 说： 我 们 必 能 以 舌 头 得 胜；
4.耶 和 华 因 为 困 苦 人 的 冤 屈 和 叹 息，
5.耶 和 华 圣 洁 的 言 语 是 纯 净 的 言 语，
6.你 必 永 远 保 护 他 们； 脱 离 这 世 代 人。

5 4 | 3 5 6 5 | 4 3 2 5 | 2 3 4 3 2 | 1 – – ‖

因 为 虔 诚 人 断 绝 了； 忠 信 人 没 有 了。
他 们 的 嘴 唇 和 舌 头， 耶 和 华 必 要 剪
我 们 嘴 唇 是 我 们 的， 谁 能 作 我 的 主？
把 他 安 置 在 他 所 切 慕 的 稳 妥 之 地。
如 同 银 子 在 泥 炉 中 炼 过 七 次 一 样。
恶 人 在 世 人 中 升 高， 恶 人 到 处 游 行。

耶和华啊，求你帮助，因虔诚人断绝了；
世人中间的忠信人没有了。

诗篇12篇1节

诗篇13篇

MARTYRDOM

1=♭A $\frac{3}{4}$

arr. by Timothy Park, 2014　　　　　　　　Hugh Wilson, 1764-1824

5 | 1 - 6 | 5 - 1 2 | 3 - 2 | 1 - 3 | 5 - 3 2 | 1 - 3 | 2 -

1.耶和华啊，你忘记我要到什么时候？
2.我心筹算，终日愁苦，要到什么时候？
3.我的耶和华啊，求你看顾我，应允我！
4.免得我的仇敌向我说道：“我胜了他”
5.我心倚靠你的慈爱；因你救恩快乐。

5 | 3 - 2 | 1 - 3 | 4 - 3 | 2 - 3 | 5 6 1 2 | 3 - 2 | 1 - ‖

要到永远？要到几时？你掩面不顾我。
我仇敌升高压制我，要到什么时候？
求你使我眼目光明，免得沉睡至死；
免得我的敌人在我摇动时候喜乐。
我要向耶和华歌唱，他用厚恩待我。

1 - - | 1 - - ‖

阿们。

但我倚靠你的慈爱；我的心因你的救恩快乐。
我要向耶和华歌唱，因他用厚恩待我。

诗篇13篇5-6节

诗篇15篇

TALLIS

1=♭E 4/4

arr. by Timothy Park, 2015　　　　Thomas Tallis, c. 1505-1585

1 | 3 4 5 5 | 6 6 5 5 | i̇ 7 6 6 | 5 - -

1. 谁能寄居你的帐幕？住在你的圣山？
2. 他不以舌头谗谤人，不以恶待朋友，
3. 但敬畏耶和华的人。他却尊重他们。
4. 他不放债取利，不受贿赂以害无辜。

1 | 3 4 5 5 | 6 6 5 1 | 4 3 2 2 | 1 - - ‖ 1 - 1 - ‖

行为正直、做事公义、心里真实的人。
也不随伙毁谤邻里，眼中藐视匪类。
他发了誓，虽然自己吃亏也不更改。
施行这一些事的人必永远不动摇。　阿们。

耶和华啊，谁能寄居你的帐幕？谁能住在你的圣山？
就是行为正直、做事公义、心里说实话的人。

诗篇15篇1-2节

诗篇16篇1-6节

KILMARNOCK

1=D $\frac{4}{4}$

arr. by Timothy Park, 2015 — Neil Dougall, 1776-1862

神啊，求你保佑我，因为我投靠你。
我的心哪，你曾对耶和华说：
你是我的主；我的好处不在你以外。
论到世上的圣民，他们又美又善，是我最喜悦的。

诗篇16篇1-3节

诗篇18篇1-2节

DOVERSDALE

1=D $\frac{3}{4}$

arr. by Timothy Park, 2014

Samuel Stanley, 1767-1822

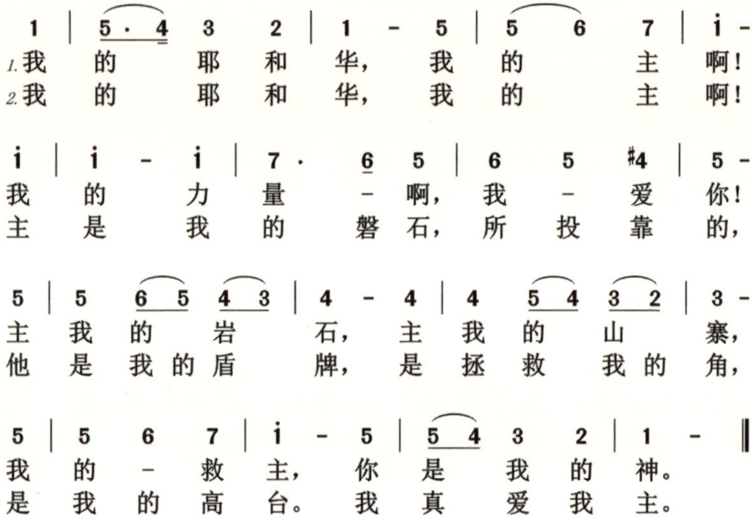

耶和华，我的力量啊，我爱你！

诗篇18篇1节

诗篇19篇7–14节

TIVERTON

1=♭A 4/4

arr. by Timothy Park, 2014

Jacob Grigg, d. 1768
in John Rippon's Selection of
Psalm and Hymn Tunes, c. 1795

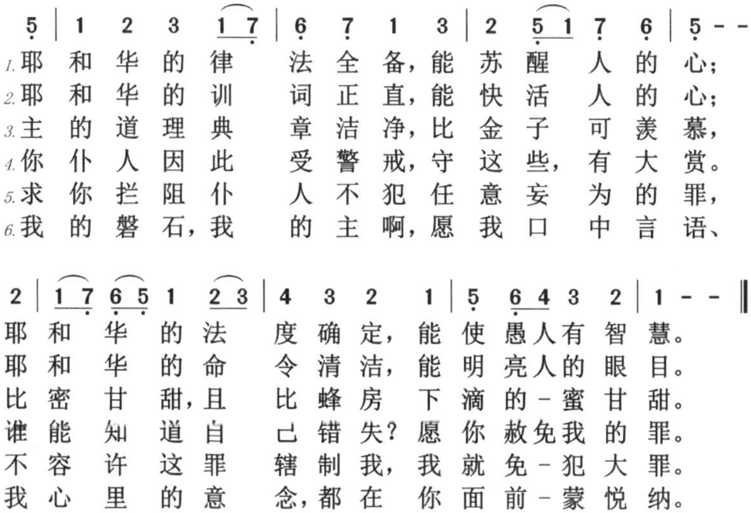

耶和华的道理洁净，存到永远；
耶和华的典章真实，全然公义，
都比金子可羡慕，且比极多的精金可羡慕；
比蜜甘甜，且比蜂房下滴的蜜甘甜。

诗篇19篇9-10节

诗篇20篇

ST. DENIO

1＝A $\frac{3}{4}$

arr. by Timothy Park, 2022

Welsh Hymn Melody, 1839

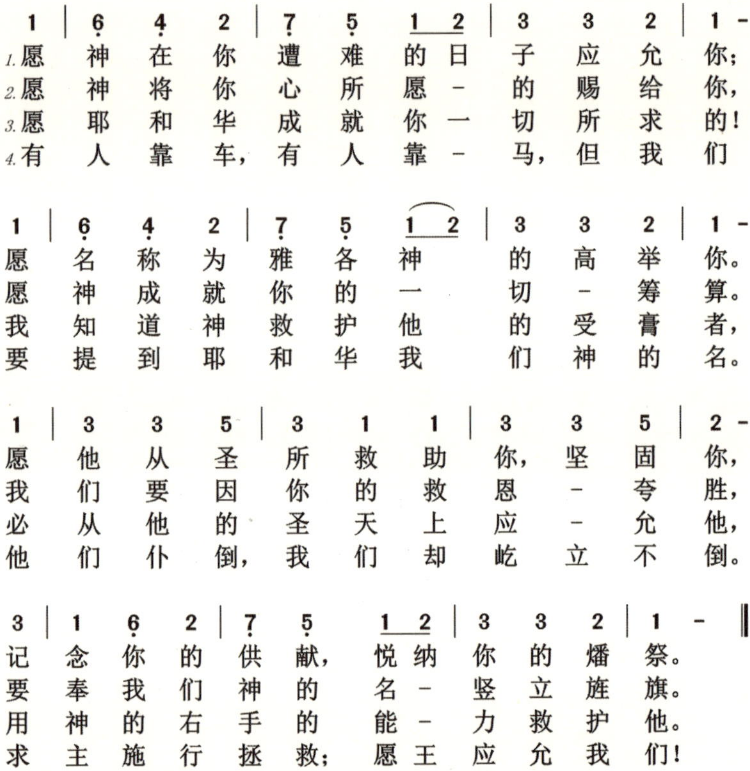

有人靠车，有人靠马，但我们要提到耶和华我们神的名。

诗篇20篇7节

诗篇22篇1-11节

PASSION CHORALE

1 = C 4/4

arr. by Timothy Park, 2022

Hans L. Hassler, 1601
arr. by J. S. Bach, 1729

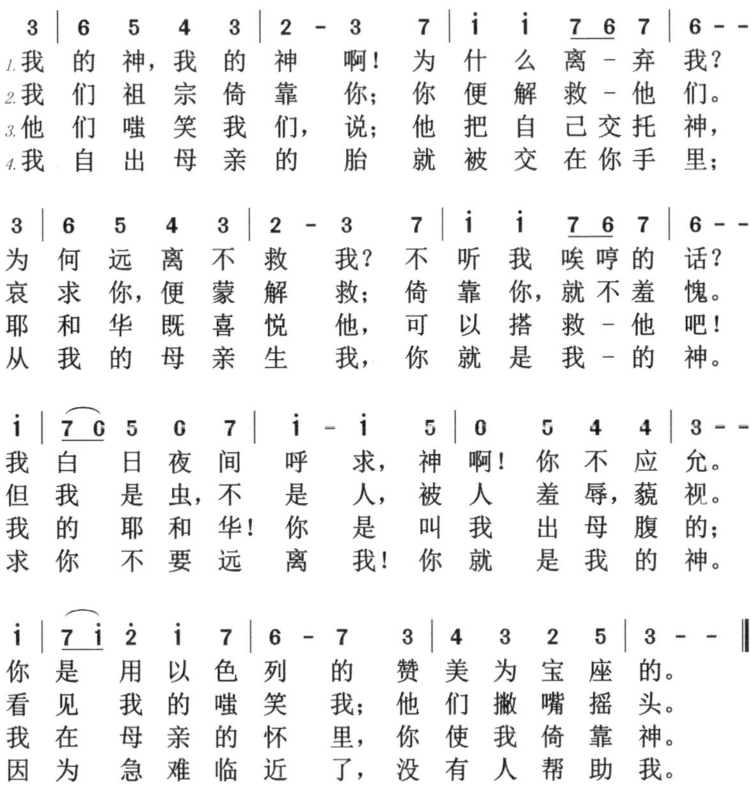

求你不要远离我！因为急难临近了，没有人帮助我。

诗篇22篇11节

诗篇23篇（1）

CRIMOND

1＝F 3/4

arr. by Timothy Park, 2014

Jessie Seymour Irvine, 1836-1887

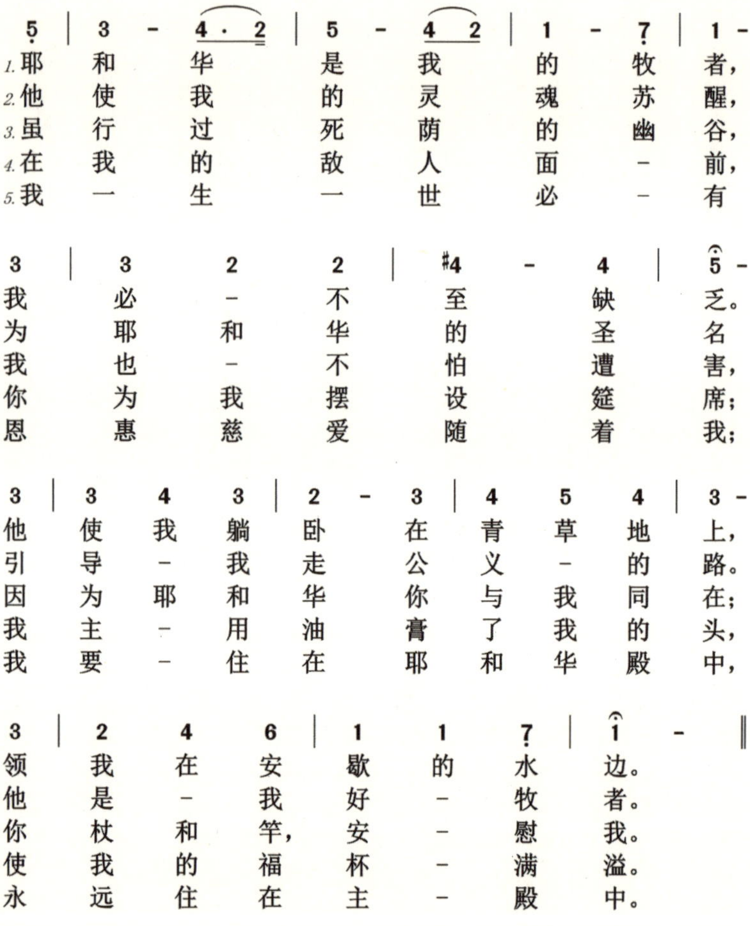

诗篇23篇(2)

ST. COLUMBA

1=♭E 3/4

arr. by Timothy Park, 2014 — Ancient Irish Melody

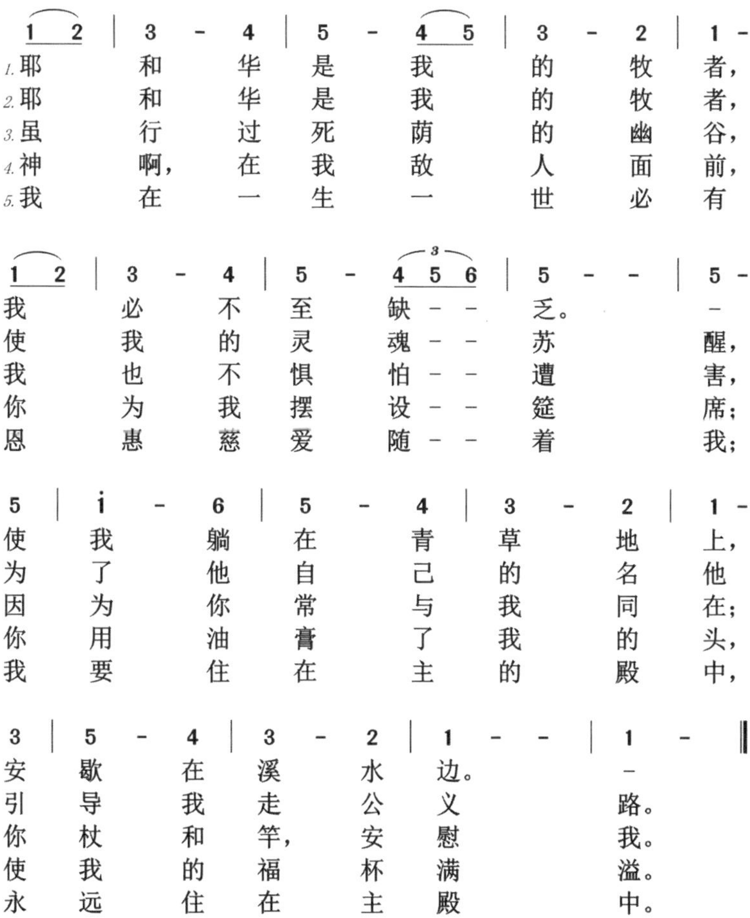

诗篇24篇1-5节

GENEVA 24TH

1 = D

arr. by Timothy Park, 2016　　　　Genevan Psalter, 1542

2 - 6 - 4 - 5 - 5 4 3 - 2 - - 0 |
1.地 和 其 中 所 充 满 的
2.谁 能 登 耶 和 华 的 山？

2 - 4 5 6 1̇ 7 7 6 - - 0 |
世 界 和 住 在 期 间 的，
谁 能 站 在 他 的 圣 所？

6 - ♭7 6 5 4 3 2 3 - 2 - - 0 |
这 都 是 属 于 耶 和 华 的。
手 洁 心 清、 － 不 向 虚 妄、

4 - 4 4 5 - 4 3 2 - 1 - - 0 |
他 把 地 建 立 在 海 上，
起 誓 不 怀 诡 诈 的 人。

2 - 6 6 4 6 5 - 4 - 3 - - 0 |
他 安 定 在 大 水 之 上。
他 必 蒙 耶 和 华 赐 福，

6 - 5 4 3 2 4 5 3 - 2 - - - ‖
这 都 是 属 于 耶 和 华 的。
蒙 救 他 的 神 使 他 成 义。

地和其中所充满的，世界和住在其间的，都属耶和华。

诗篇24篇1节

诗篇24篇7-10节

ST. GEORGE'S EDINBERGH

1= F $\frac{4}{4}$

arr. by Timothy Park, 2022 | Andrew M. Thomson, 1788-1831

诗篇32篇1-7，11节

WAVERTREE

1 = D 3/4

arr. by Timothy Park, 2022 William Shore, 1840

3 3 3 | 5 4 4 | 4 3 2 | 1 - - | 6 6 6 | 5 - 5 | 5 4 3 | 2 - - |

1. 过犯得蒙赦免的人、罪恶得到遮盖的人、
2. 我闭口不认罪的时候，因终日唉哼骨头枯干。
3. 我向你陈明我的罪，我不隐瞒我的罪恶。
4. 为此，凡虔诚人都当趁你可寻找的时候
5. 你是我的藏身之处；你必保佑我脱离苦难，

3 3 3 | 5 4 4 | 4 3 2 | 1 - - | 6 6 6 | 5 - 5 | 5 4 3 | 2 - - |

心里没有诡诈的人、神不算为有罪的人，
黑夜白日，耶和华的手压在我的身上沉重；
我说：我要向耶和华承认我的所有过犯，
向我的耶和华祷告；大-水泛溢的时候，
以得救的欢呼的歌四面环绕我，充满我。

7 7 7 | i - 3 | 2 - 3 | 4 - - | 4 4 3 | 6 - 4 | 3 - 2 | 1 - - ‖

这人有福了，有福了！过犯得蒙赦免的人。
我的精力完全耗尽，如同夏天的干-旱。
你就赦免我的罪恶，赦免我的一切过犯。
必不能达到他那里，主你是我的避难所。
你们应当靠主喜乐；你们义人都当欢呼。

得赦免其过、遮盖其罪的，这人是有福的！
凡心里没有诡诈、耶和华不算为有罪的，这人是有福的！

诗篇32篇1-2节

诗篇46篇

ST. JOHN

1=♭D 4/4

The Parish Choir, vol. 3, 1851

arr. by Timothy Park, 2014

attr. to William H. Havergal, 1793-1870

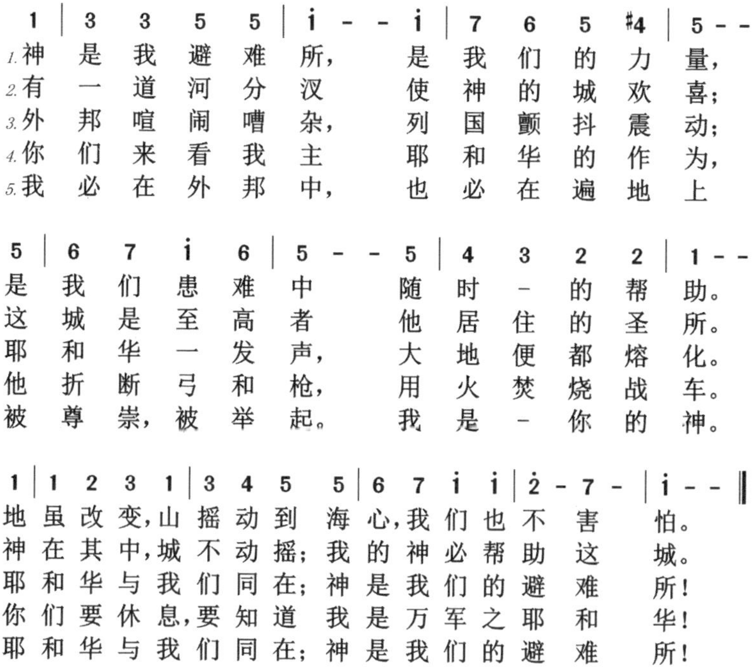

你们要休息，要知道我是神！
我必在外邦中被尊崇，在遍地上也被尊崇。
万军之耶和华与我们同在；雅各的神是我们的避难所！

诗篇46篇10-11节

诗篇47篇

WARRINGTON

1=♭B 3/4

arr. by Timothy Park, 2022　　　　Ralph Harrison, 1748-1810

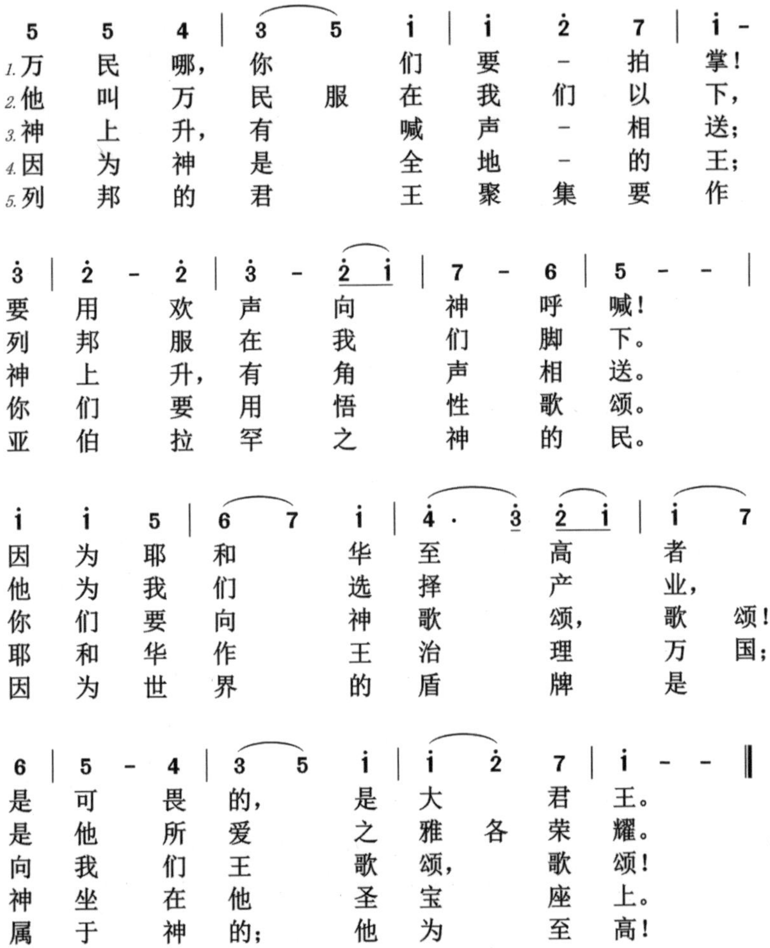

诗篇48篇

ST. JOHN

1=♭D $\frac{4}{4}$

The Parish Choir, vol. 3, 1851

arr. by Timothy Park, 2014

attr. to William H. Havergal, 1793-1870

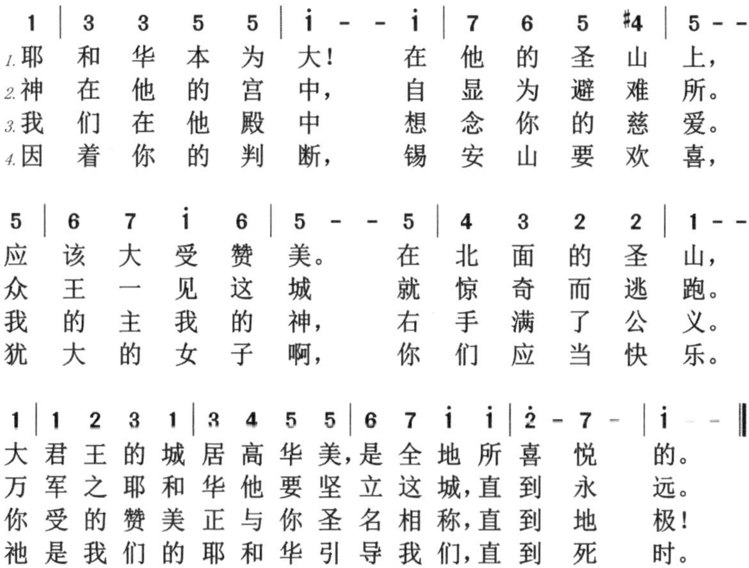

耶和华本为大！在我们神的城中，
在他的圣山上，该受大赞美。
锡安山大君王的城，在北面居高华美，为全地所喜悦。

诗篇48篇1-2节

诗篇51篇1-13节

KILMUIR

1=E 3/4

arr. by Timothy Park, 2021 Donald M. MacDonald

5 1 | 3 - 5 6 | 5 3 2 | 3 - 5 6 | i 7 5 | 6 5 3 | 2 -

1. 神啊，求 你按 你 的 慈 爱 怜恤 我，涂 抹 我 的 过 犯！
2. 因为，我 知道 我 的 过 犯； 我－ 的 罪 常 在 我 面 前。
3. 以致 你 责备 我 的 时 候 显－ 为 公 义，显 为 清 正。
4. 你－ 喜 爱我 内 里 诚 实； 你在 我 内 心，必 得 智 慧。
5. 使我 得 听快 乐 的 声 音， 压伤 的 骨 头 可 以 踊 跃。
6. 求你 为 我造 清 洁 的 心， 心里 重 新 有 正 直 的 灵。
7. 不要 从 我收 回 你 的 灵， 求你 使 我 得 救 恩 之 乐，

6 5 | 3 2 1 | 2 3 5 | 6 - i 6 | 5 1 3 | 2 1 6 | 1 - ‖

将我 的 罪 孽 洗 除 净 尽， 神啊，求 你 洁 除 我 的 罪！
我犯 罪，惟 独 得 罪 了 你； 在－ 你 眼 前 行 了 这 恶，
我－ 是 在 罪 孽 里 生 的， 在我 母 腹 里 就 有 了 罪。
求你 用 牛 膝 草 洁 净 我， 求你 洗 涤 我，比 雪 更 白。
求你 掩 面 不 看 我 的 罪， 涂－ 抹 我 一 切 的 罪 孽。
神啊，求 主 不 要 丢 弃 我， 不要 使 我 离 开 你 的 面；
赐我 乐 意 的 灵 扶 持 我。 罪－ 人 悔 改 必 归 向 你。

神啊，求你为我造清洁的心，
使我里面重新有正直的灵。
不要丢弃我，使我离开你的面；
不要从我收回你的圣灵。

诗篇51篇10-11节

诗篇56篇1-10节

DOMINIUS REGIT

1=♭E 4/4

arr. by Timothy Park, 2022 S.A. Sterrett Metheny, 1910

5 | 5 - 4 3 | 6 - 2 3 | 4 - 4· 3 | 3 - -

1. 耶和华我神啊，求你怜悯我，
2. 我倚靠神，我要赞美他的话；
3. 我的仇敌终日颠倒我的话；
4. 他们岂－能因罪孽逃脱吗？
5. 我呼求你时，他们都要退后。

3 | 1̇ - 7 3 | 7 - 6 5 | 5 - 6 #4 | 5 - -

因为仇敌终日攻击欺压我。
我要倚靠神，我就必不惧怕。
他们一切心思都是要害我。
我神啊，在怒中使众民堕落！
神帮助我，这是我所知道的。

5 | 5 - 3 4 | 5 - 1 5 | 6 - 6 3 | 4 - -

因逞骄傲攻击我的人甚多。
血气之辈能把我怎么样呢？
他们聚集，埋伏窥探我脚踪，
我几次流离，神啊，你都记数；
我倚靠神，我要赞美他的话；

4 | 4 - 3 2 | 5 - 1 2 | 3 - 3· 2 | 1 - - ‖

我惧怕的时候就要倚靠你。
我倚靠神，我要赞美他的话。
他们等候要伤害我的性命。
求你把我眼泪装在皮袋里。
我倚靠神，我要赞美他的话。

诗篇59篇16-17节

EAGLEY

1=♭B 3/4

arr. by Timothy Park, 2022　　　　James Walch, 1837-1901

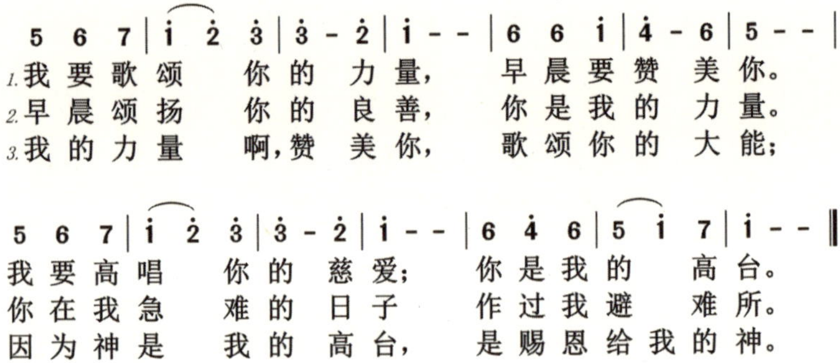

但我要歌颂你的力量，早晨要高唱你的慈爱；
因为你作过我的高台，在我急难的日子作过我的避难所。
我的力量啊，我要歌颂你；
因为神是我的高台，是赐恩与我的神。

诗篇59篇16-17节

诗篇60篇1-5节，12节

LYNDHURST

1=♭A 4/4

arr. by Timothy Park, 2022 — Anonymous, 1883

5 6 7 1 | 1 - 7 - | 5 5 6 5 | 5 - - - |
1.你 丢 弃 了 我 们， 使 我 们 破 败；
2.你 叫 你 的 子 民 遇 见 艰 - 难；
3.神 啊，求 你 应 允 我 们 的 祷 告，

6 7 1 3 | 3 - 2 - | 2 6 7 6 | 5 - - - |
你 向 我 们 发 怒， 求 你 复 兴 我！
喝 那 使 人 东 倒 西 歪 的 苦 酒。
求 主 用 你 右 手 拯 救 你 百 姓，

5 3 2 1 | 1 - 7 - | 5 4 3 2 | 5 - - - |
你 使 大 地 震 动， 而 且 地 崩 裂；
你 把 旌 旗 赐 给 敬 畏 你 的 人，
好 叫 耶 和 华 所 爱 的 人 得 救。

5 5 4 3 | 2 - 6 - | 7 6 5 2 | 1 - - - ‖
求 你 治 好 裂 口， 因 为 地 摇 动。
可 以 把 旌 旗 为 真 理 扬 起 来。
我 们 要 依 靠 神， 神 践 踏 敌 人。

你把旌旗赐给敬畏你的人，可以为真理扬起来。

诗篇60篇4节

诗篇62篇1-8节

JACKSON

1=D $\frac{4}{4}$

arr. by Timothy Park, 2014

Thomas Jackson, 1757-1781

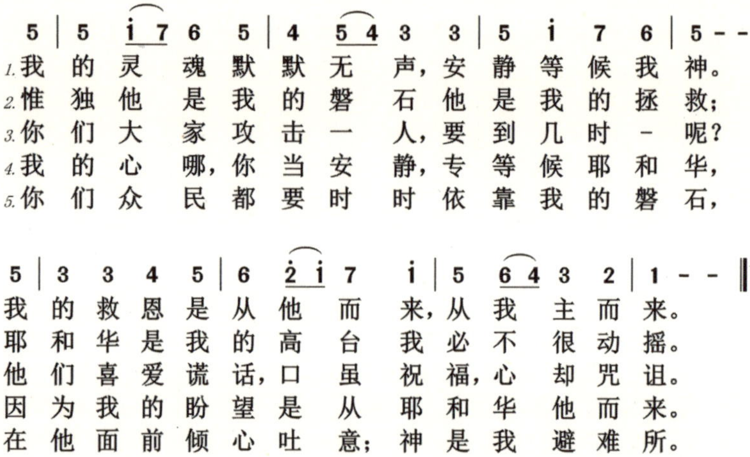

我的心哪，你当默默无声，专等候神，
因为我的盼望是从他而来。
惟独他是我的磐石，我的拯救；
他是我的高台，我必不动摇。

诗篇62篇5-6节

诗篇63篇1-4节

WETHERBY

1=♭E 3/4

arr. by Timothy Park, 2022 | Samuel Sebastian Wesley, 1810-1876

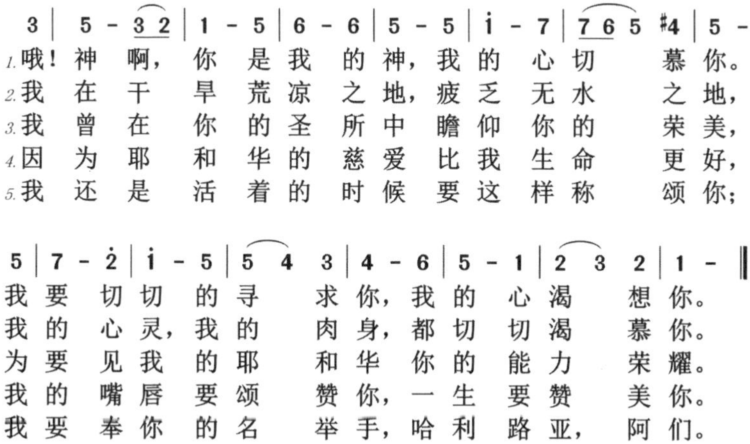

神啊，你是我的神，我要切切的寻求你，
在干旱疲乏无水之地，我渴想你；我的心切慕你。

诗篇63篇1节

诗篇67篇

ERANCONIA

1=♭E $\frac{4}{4}$

Adapter by W. H. Havergal, 1793-1870

arr. by Timothy Park, 2014　　from a tune in konig's Harmonischer Liederchatz, 1783

1	2	3	4	5	3	–	–	5	6	1̇	4	3	2	–	–
1.愿	神	怜	悯	我	们，			主	赐	福	与	我	们，		
2.好	叫	世	界	得	知			耶	和	华	的	道	路，		
3.愿	万	民	称	赞	你！			万	国	快	乐	欢	呼；		
4.愿	列	邦	称	赞	你！			愿	万	民	称	赞	你！		
5.我	的	主	我	的	神！			神	赐	福	与	我	们；		

5	1̇	7	6	5	6	6	5	5	1	3	2	2	1	–	–
愿	我	的	神	主	耶	和	华	用	脸	光	照	我	们。		
万	国	得	知	你	的	救	恩。	愿	列	邦	称	赞	你！		
你	按	公	正	审	判	万	民，	引	导	世	上	万	国。		
土	地	已	经	出	了	土	产；	神	赐	福	与	我	们。		
地	的	四	级	都	敬	畏	他，	敬	畏	主	耶	和	华！		

愿神怜悯我们，赐福与我们，用脸光照我们，
好叫世界得知你的道路，万国得知你的救恩。

诗篇67篇1-2节

诗篇70篇

ST. ANNE

1 = D 4/4

arr. by Timothy Park, 2014　　　　William Croft, Mus. Doc, 1678-1727

5 | 3 6 5 1̇ | 1̇ 7 1̇ 5 | 1 5 6 #4 | 5 - -

1. 我的神啊，我恳求你，你快快搭救我！
2. 愿那些寻索我命的，喜悦我遭害的，
3. 愿一切寻求你的人，因你高兴欢喜；
4. 但我是困苦穷乏的；求你到这里来！

7 | 1̇ 6 2̇ 7 | 1̇ 6 7 5 | 6 1̇ 2̇ 7 | 1̇ - - ‖

耶和华啊，我恳求你，你速速帮助我。
那些对我说啊哈的，他们退后受辱。
喜爱你救恩的，常说；应当尊神为大！
你是帮助，搭救我的。求你不要耽延！

但我是困苦穷乏的；
神啊，求你速速到我这里来！
你是帮助我的，搭救我的。
耶和华啊，求你不要耽延！

诗篇70篇5节

诗篇72篇18-19节

GENEVA 72ND

1 = G

arr. by Timothy Park, 2022

Genevan Psalter, 1543

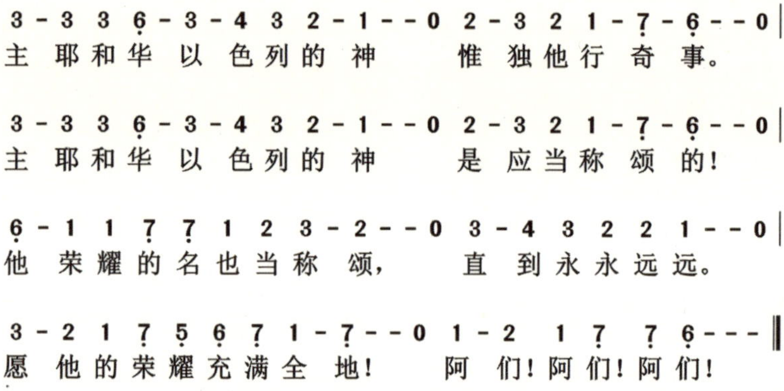

独行奇事的耶和华以色列的神是应当称颂的!
他荣耀的名也当称颂，直到永远。
愿他的荣耀充满全地！阿们！阿们！

诗篇72篇18-19节

诗篇73篇23-28节(1)

BOYD

1 = F $\frac{4}{4}$

arr. by Timothy Park, 2022 | Joan J. Pinkston, b. 1947

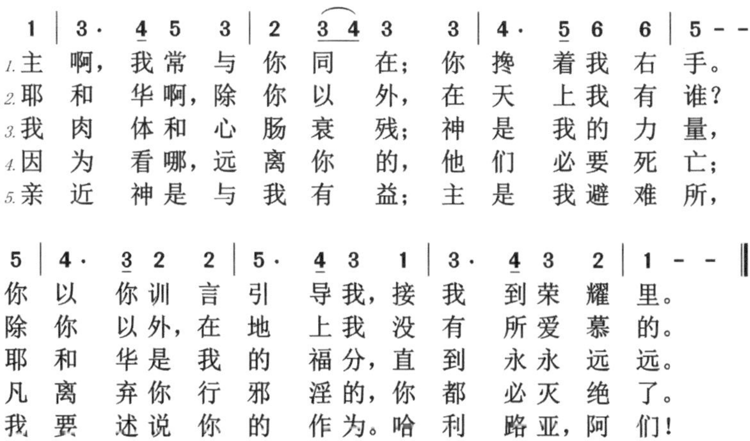

你要以你的训言引导我，以后必接我到荣耀里。

除你以外，在天上我有谁呢？

除你以外，在地上我也没有所爱慕的。

诗篇73篇24-25节

诗篇73篇23-28节(2)

WILSHIRE

1=♭A 3/4

arr. by Timothy Park, 2022　　George Thomas Smart, 1795

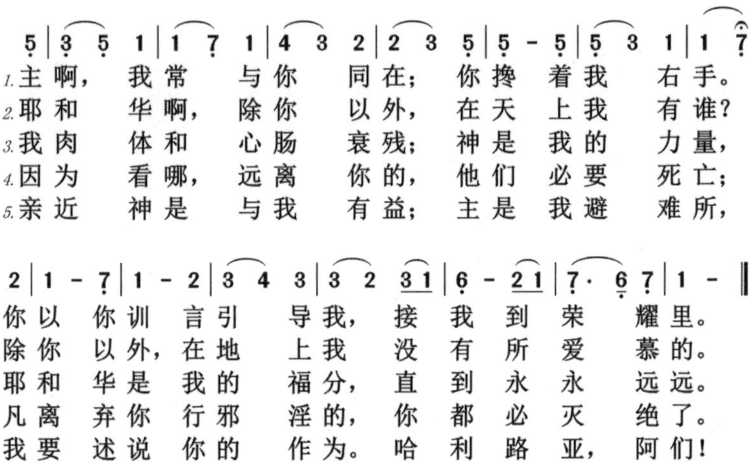

但我亲近神是与我有益；
我以主耶和华为我的避难所，
好叫我述说你一切的作为。

诗篇73篇28节

诗篇81篇1-2节

MONSELL

1=♭E 4/4

arr. by Timothy Park, 2022

Joseph Barnby, 1838-1896

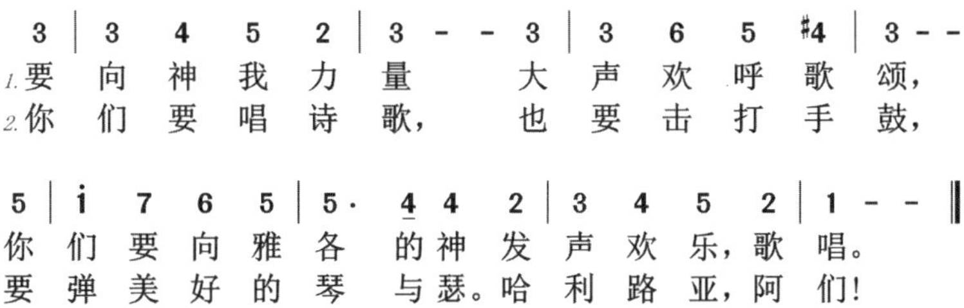

你们当向神我们的力量大声欢呼，
向雅各的神发声欢乐！
唱起诗歌，打手鼓，弹美琴与瑟。

诗篇81篇1-2节

诗篇84篇1-5节

ST. HILDA

1=♭E $\frac{4}{4}$

J. H. Knecht, 1799
and Edward Husband, 1871

arr. by Timothy Park, 2014

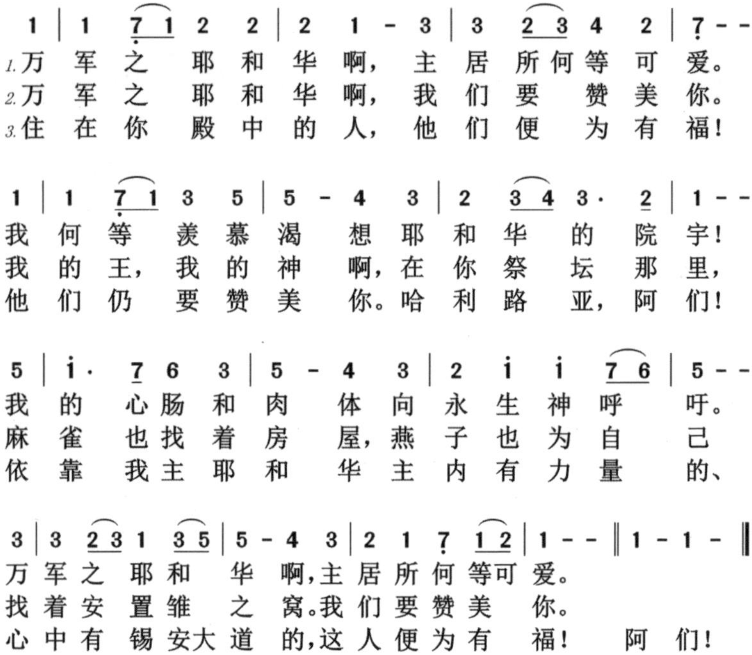

如此住在你殿中的便为有福！他们仍要赞美你。
靠你有力量、心中想往锡安大道的，这人便为有福！

诗篇84篇4-5节

诗篇87篇

ZION

1 = D $\frac{3}{4}$

arr. by Timothy Park, 2022

Thomas Hastings, 1784-1872

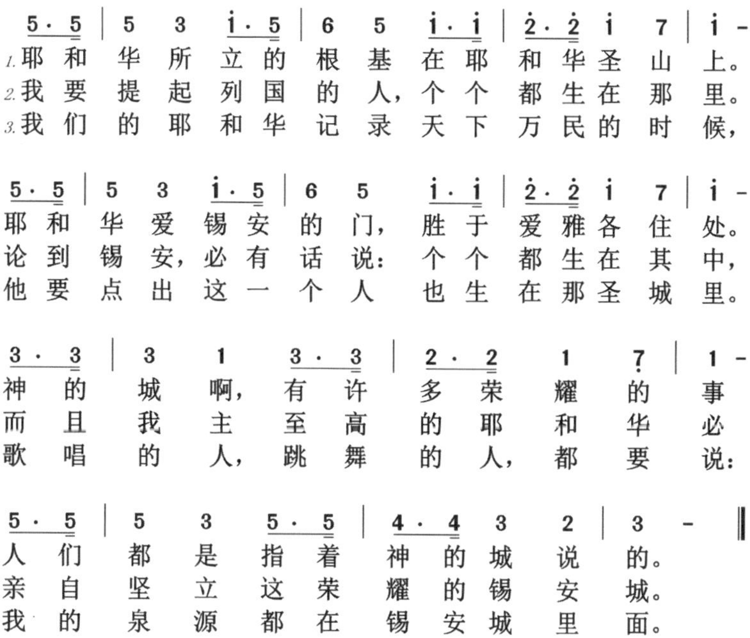

耶和华所立的根基在圣山上。
他爱锡安的门，胜于爱雅各一切的住处。

诗篇87篇1-2节

诗篇92篇1-5节

MANOAH

1 = F $\frac{3}{4}$

arr. from Giachino A. Rossini

arr. by Timothy Park, 2022　　in Collection of Church Music, by Henrry W. Greatorex, 1851

1 2 | 3 - 2 | 1 - 7 | 7 - 6 | 6 - 2 3 | 4 - 3 | 2 - 1 | 1 - - | 7 -

1. 我 们 要称 谢耶 和华， 歌 颂 你的 圣名！
2. 早 晨 传扬 你的 慈爱； 颂 赞 你的 良善。
3. 因 为 耶和 华啊，你的 作 为 叫我 高兴，
4. 我 主 耶和 华啊，你的 工 作 何等 伟大！

5 | 3 - 2 | 4 - 3 | 6 - 3 | 5 4 2 | 1 - 5 | 3 - 2 | 1 - - | 1 - ‖

用十 弦的 乐器 和瑟， 用琴 声赞 美你！
每夜 传扬 你的 信实。 这是 多么 美好。
我要 因你 手的 工作 大声 欢呼 歌颂。
你的 心思 极其 深奥。 荣耀，哈利 路亚！

称谢耶和华！歌颂你至高者的名！
用十弦的乐器和瑟，用琴弹幽雅的声音，
早晨传扬你的慈爱；每夜传扬你的信实。这本为美事。

诗篇92篇1-3节

诗篇95篇6-7节

ST. BERNARD

1=♭E 4/4

arr. by Timothy Park, 2022 | Scottish Psalter, 1615

5 | 1 2 3 2 1 | 4 3 2 5 | 3 6 ♯4 4 | 5 - -

1.来 啊，我 们 到 神 面 前 要 屈 身 敬 拜 他，

2.因 为 我 们 主 耶 和 华 他 是 我 们 的 神；

5 | i 6 5 6 | 4 4 3 1 | 4 3 2 2 | 1 - - ‖

在 造 我 们 的 耶 和 华 面 前 谦 卑 跪 下。

我 们 是 他 草 场 的 羊，是 他 手 下 的 民。

来啊，我们要屈身敬拜，在造我们的耶和华面前跪下。
因为他是我们的神；我们是他草场的羊，
是他手下的民。惟愿你们今天听他的话：

诗篇95篇6-7节

诗篇96篇1–8节

ORLINGTON

1=♭B 3/4

arr. by Timothy Park, 2022　　John Cambell, 1807-1860

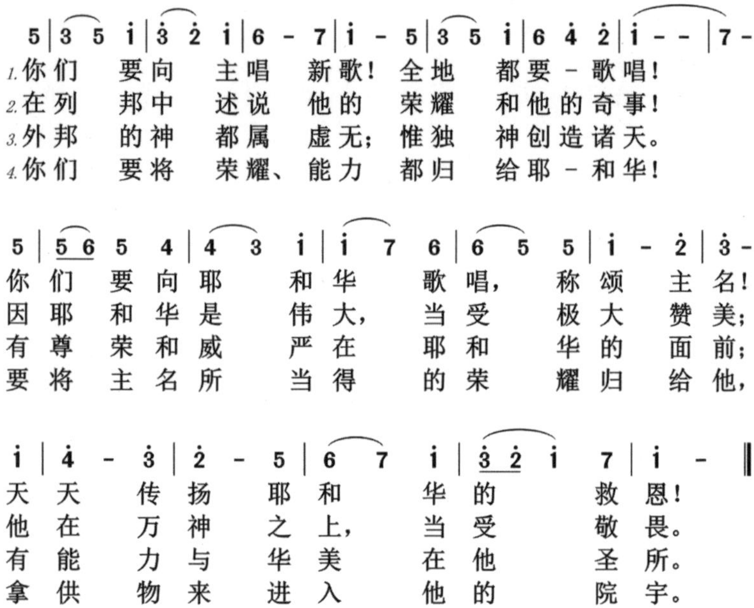

你们要向耶和华唱新歌！全地都要向耶和华歌唱！
要向耶和华歌唱，称颂他的名！天天传扬他的救恩！

诗篇96篇1-2节

诗篇100篇

OLD 100TH

1=♭A $\frac{3}{2}$

arr. by Timothy Park, 2014　　　　Genevan Psalter, 1551

1 − 1 7̣ 6̣ 5̣ | 1 − 2 − 3̑ − | 3 − 3 3 2 1 | 4 − 3 − 2̑ − |

1. 普 天 下 当 向 他 欢 呼！ 他 是 我 们 的 耶 和 华
2. 你 们 当 晓 得 他 是 神！ 我 们 是 耶 和 华 造 的，
3. 当 称 谢 进 入 他 的 门， 当 赞 美 进 入 他 的 院。
4. 你 们 当 赞 美 耶 和 华， 因 为 耶 和 华 本 为 善。

1 − 2 3 2 1 | 6̣ − 7̣ − 1̇̑ − | 5 − 3· 1̲ 2 4 | 3 − 2 − 1̑ − ‖ 1 − 1 − ‖

当 乐意事奉 耶 和 华， 你 们 当来向他 歌 唱！
也 是属他的，他 的 民， 我 们 是他草场 的 羊。
你 们当感谢 耶 和 华， 你 们 当称颂他 的 名！
他 的慈爱存 到 永 远； 他 的 信实直到 万 代。 阿 们。

普天下当向耶和华欢呼！
你们当乐意事奉耶和华，当来向他歌唱！

诗篇100篇1-2节

诗篇104篇31-35节

GOTT SEI DURCH ALLE WELT

1 = C $\frac{4}{4}$

arr. by Timothy Park, 2022

Freylighausen's Geistreiches Gesangbuch, 1704, alt

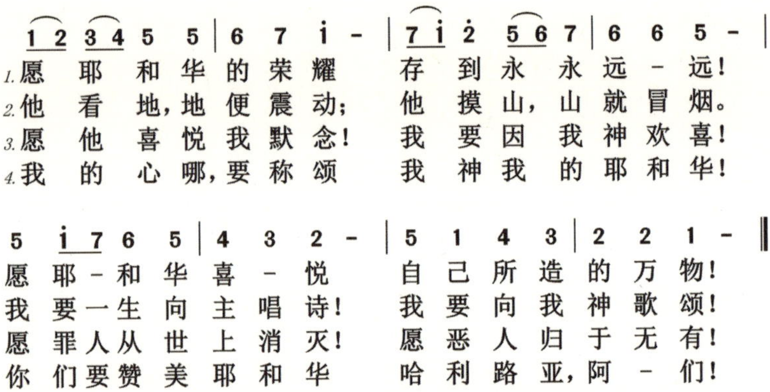

愿他以我的默念为甘甜！我要因耶和华欢喜！

愿罪人从世上消灭！愿恶人归于无有！

我的心哪，要称颂耶和华！你们要赞美耶和华！

诗篇104篇34-35节

诗篇108篇1-5节

REST

1=♭B 4/4

arr. by Timothy Park, 2014　　Lowell Mason, 1854

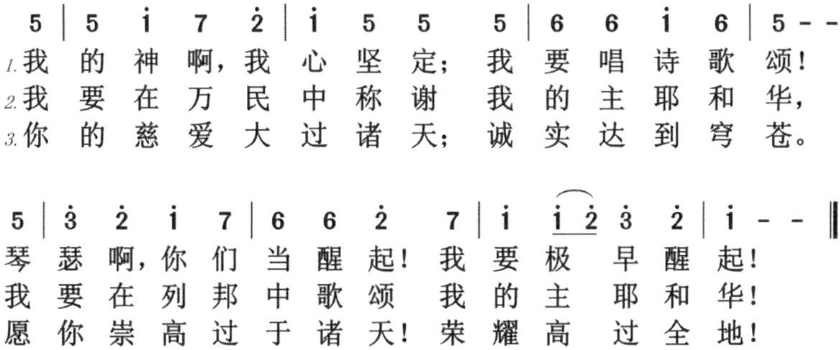

因为，你的慈爱大过诸天；你的诚实达到穹苍。
神啊，愿你崇高过于诸天！愿你的荣耀高过全地！

诗篇108篇4-5节

诗篇111篇1-5节

GLASGOW

1=G $\frac{3}{4}$

arr. by Timothy Park, 2014 　　Moore's Psalm Singer's Pocket Companion, 1756

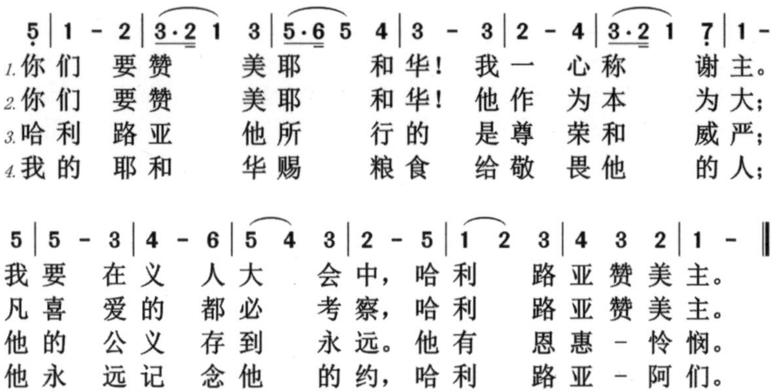

他所行的是尊荣和威严；他的公义存到永远。
他行了奇事，使人记念；耶和华有恩惠，有怜悯。
他赐粮食给敬畏他的人；他必永远记念他的约。

诗篇111篇3-5节

诗篇113篇

WINCHESTER OLD

1 = F $\frac{4}{4}$

arr. by Timothy Park, 2014 | Este's Psalter, 1592

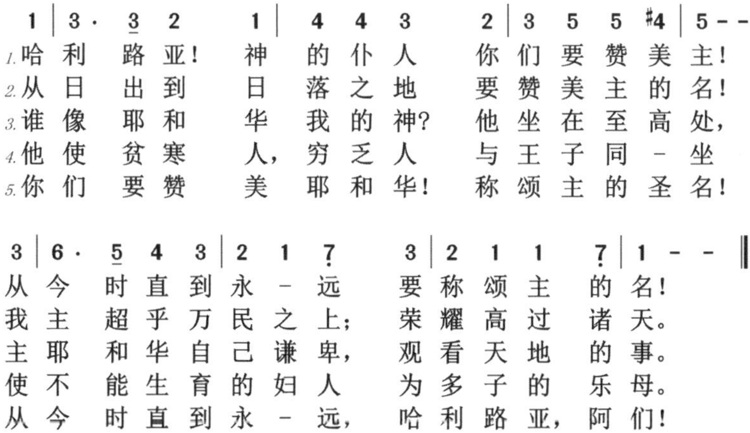

你们要赞美耶和华！耶和华的仆人哪，
你们要赞美，赞美耶和华的名！
耶和华的名是应当称颂的，从今时直到永远！
从日出之地到日落之处，耶和华的名是应当赞美的！

诗篇113篇1-3节

诗篇116篇1-5节

WAREHAM

1=♭B 3/4

arr. by Timothy Park, 2014 | William Knapp, 1698-1768

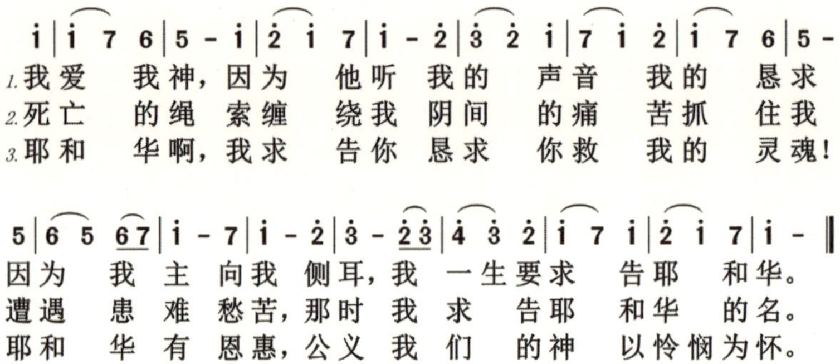

我爱耶和华，因为他听了我的声音和我的恳求。
他既向我侧耳，我一生要求告他。

诗篇116篇1-2节

诗篇117篇

BUCER

1 = A $\frac{4}{4}$

arr. by Timothy Park, 2014

Cantica Laudis, 1850

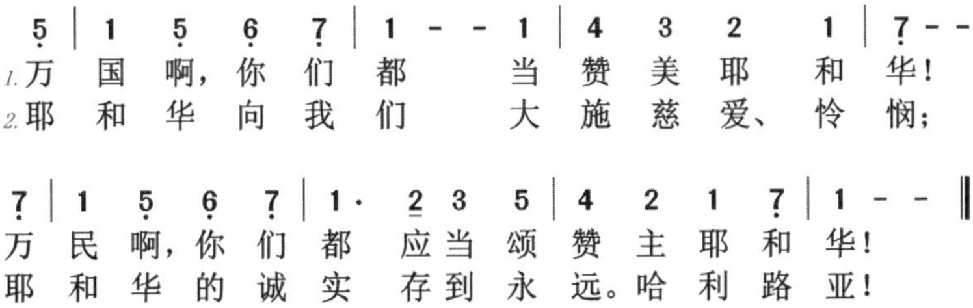

万国啊，你们都当赞美耶和华！
万民哪，你们都当颂赞他！
因为他向我们大施慈爱；耶和华的诚实存到永远。
你们要赞美耶和华！

诗篇117篇1-2节

诗篇118篇1–9节

ERANCONIA

1=♭E 4/4

Adapter by W. H. Havergal, 1793-1870

arr. by Timothy Park, 2014 from a tune in konig's Harmonischer Liederchatz, 1783

1 | 2 3 4 5 | 3 - - 5 | 6 i 4 3 | 2 - -

1. 你 们 要 称 谢 主， 他 是 － 耶 和 华，
2. 愿 以 色 列 人 说： 愿 亚 伦 的 家 说：
3. 我 在 急 难 当 中 我 求 告 耶 和 华，
4. 耶 和 华 帮 助 我， 我 必 不 惧 － 怕，
5. 我 投 靠 耶 和 华， 强 似 依 赖 别 人；

5 | i 7 6 5 | 6 6 5 5 | 1 3 2 2 | 1 - - ‖

因 主 耶 和 华 本 为 善； 慈 爱 永 远 长 存！
愿 敬 畏 主 的 说： 他 的 慈 爱 永 远 长 存！
他 就 应 允 我，把 我 安 置 在 宽 阔 之 地。
人 能 把 我 怎 么 样 呢？ 耶 和 华 帮 助 我。
投 靠 耶 和 华，我 的 神， 强 似 依 赖 王 子。

投靠耶和华，强似倚赖人；
投靠耶和华，强似倚赖王子。

诗篇118篇8-9节

诗篇119篇1-8节

DIR, DIR, JEHOVAH

1=♭B 4/4

arr. by Timothy Park, 2022　　　　J. A. Freylinghausen, Gesangbuch, 1704

5 1 5 | 6 6 5 6 5 4 | 3 2 1 - - | 0 2 3 #4 | 5 6 7 1 7 6 | 5

1. 行为完全的人有福了，遵行神律法的人有福了！
2. 你将你训词吩咐我们，为要我们殷勤遵守训词。
3. 我学了你公义的判语，就要以正直的心称谢你。

5 1 5 | 6 6 5 6 5 4 | 3 2 1 - - | 0 2 3 #4 | 5 6 7 1 7 6 | 5

遵守耶和华法度的人、一心寻求他的人有福了！
但愿我所行的事坚定，得以遵守耶和华的律例。
我必遵守耶和华律例；主啊，求你总不要丢弃我！

5 1 2 | 3 1 4 2 3 1 | 2 - - - | 0 3 2 1 7 6 | 5 1 1 7 | 1 ‖

这些人不做不公义的事，但他们遵行耶和华的道。
我看重你的一切的命令，那时候我就不至于羞愧。
我要遵行耶和华的律法，遵行神律法的人有福了！

行为完全、遵行耶和华律法的，这人便为有福！
遵守他的法度、一心寻求他的，这人便为有福！

诗篇119篇1-2节

诗篇119篇105-108节

LAMBETH

1=G $\frac{3}{4}$

arr. by Timothy Park, 2022 — W. A. F. Schulthes, 1871

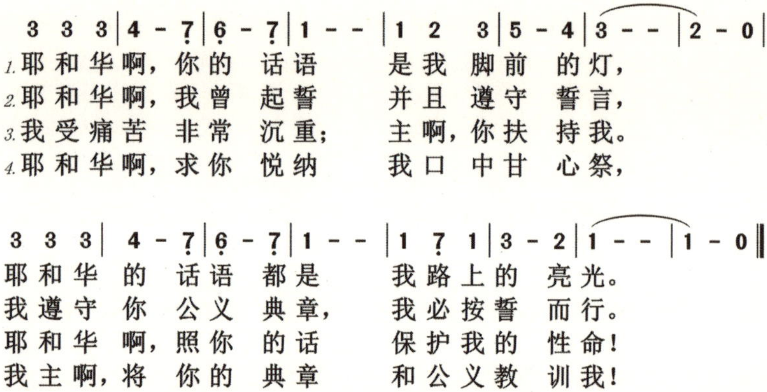

你的话是我脚前的灯，是我路上的光。

诗篇119篇105节

诗篇121篇

RETREAT

1=C $\frac{3}{4}$

arr. by Timothy Park, 2014 | Thomas Hastings, 1784-1872

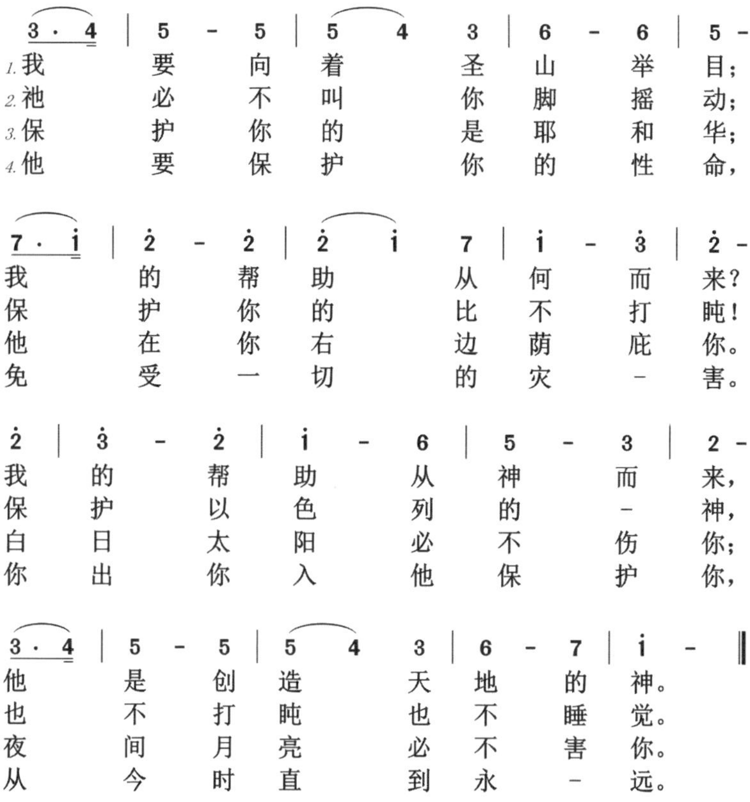

我要向山举目；我的帮助从何而来？

诗篇121篇1节

诗篇123篇

TALLIS

1=♭E $\frac{4}{4}$

arr. by Timothy Park, 2022 — Thomas Tallis, c. 1505-1585

1 | 3 4 5 5 | 6 6 5 5 | i̇ 7 6 6 | 5 - -

1. 坐 在 天 上 的 我 主 啊，我 要 向 你 举 目。

2. 因 为 我 们 饱 受 藐 视，已 经 到 了 极 点。

1 | 3 4 5 5 | 6 6 5 1 | 4 3 2 2 | 1 - - ‖

我 们 的 眼 睛 仰 望 神，直 到 蒙 他 怜 悯。

耶 和 华 啊，求 你 怜 悯，求 主 怜 悯 我 们！

看哪，仆人的眼睛怎样望主人的手，
使女的眼睛怎样望主母的手，
我们的眼睛也照样望耶和华我们的神，直到他怜悯我们。

诗篇123篇2节

诗篇124篇

OLD 124TH

1 = G $\frac{4}{4}$

arr. by Timothy Park, 2021

Genevan Psalter, 1551

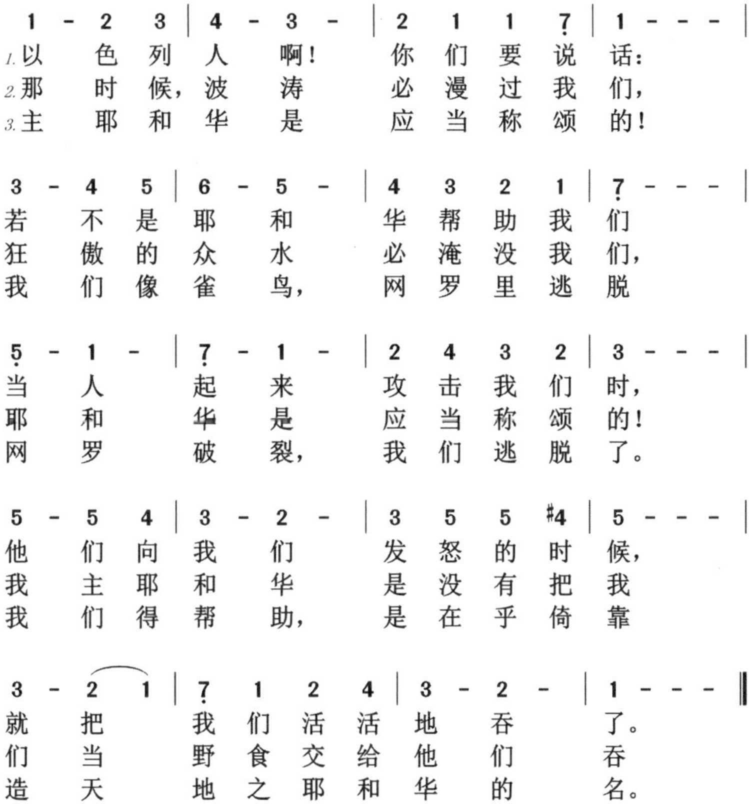

我们得帮助，是在乎倚靠造天地之耶和华的名。

诗篇124篇8节

诗篇128篇

HOWARD

1 = A $\frac{3}{4}$

arr. by Timothy Park, 2022 Wilson's Collection, 1825

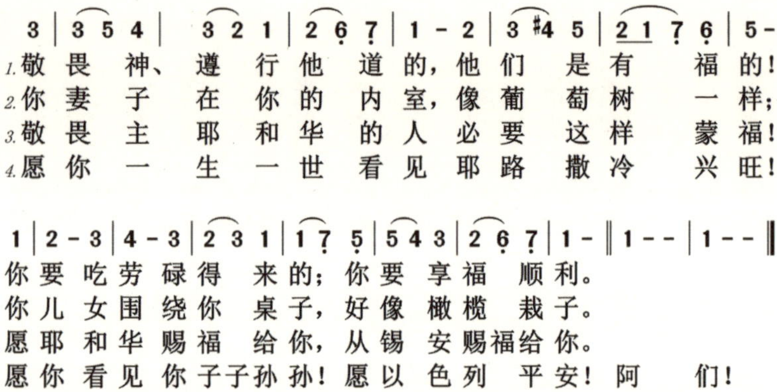

你妻子在你的内室，好像多结果子的葡萄树；
你儿女围绕你的桌子，好像橄榄栽子。

诗篇128篇3节

诗篇133篇（1）

BISHOPTHORPE

1 = G $\frac{3}{4}$

arr. by Timothy Park, 2022 | from Select Portions of the Psalms, 1786

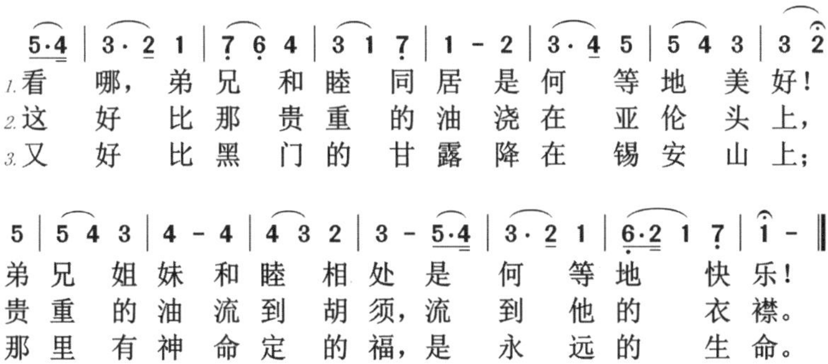

看哪，弟兄和睦同居是何等的善，何等的美！

诗篇133篇1节

诗篇133篇(2)
INVITATION

1 = E $\frac{2}{2}$

arr. by Timothy Park, 2022　　　　from Select Portions of the Psalms, 1786

3 | 3 - 3 - | 4 - - 3 | 3 - 2 - | 2 - - 2 | 5 - 2 - | 3 - 4 - | 3 - -

1. 看 哪，弟　兄　和 睦 同　居　是 何 等　地 美　好！
2. 这 好 比　那　贵 重 的　油　浇 在 亚　伦 头　上，
3. 又 好 比　黑　门 的 甘　露　降 在 锡　安 山　上；

4 | 5 - 5 - | 1̇ - - 7 | 7 - 6 - | 6 - - 6 | 5 - - 3 | 3 - 2 - | 1 - - ‖

弟 兄 姐　妹　和 睦 相　处　是 何　等 地 快　乐！
贵 重 的　油　流 到 胡　须，流 到　他 的 衣　襟。
那 里 有　神　命 定 的　福，是 永　远 的 生　命。

这好比那贵重的油浇在亚伦的头上，
流到胡须，又流到他的衣襟；
又好比黑门的甘露降在锡安山；
因为在那里有耶和华所命定的福，就是永远的生命。

诗篇133篇2-3节

诗篇136篇1-3节

EASTON

1 = A 3/4

arr. by Timothy Park, 2022

J. W. Gardiner, 1812

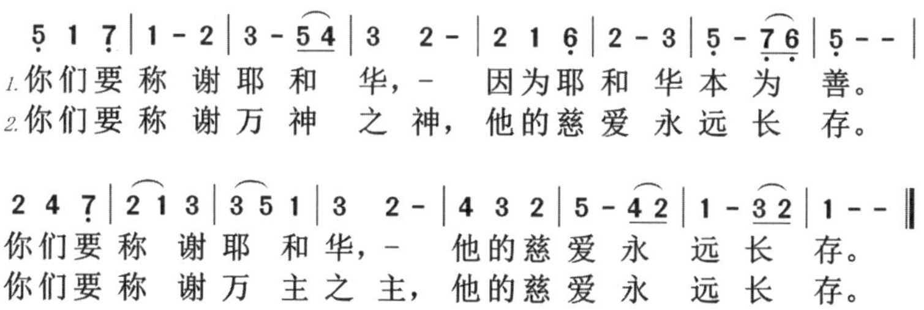

你们要称谢耶和华，因他本为善；他的慈爱永远长存。

诗篇136篇1节

诗篇143篇6-8节

STRACATHRO

1=D $\frac{3}{4}$

arr. by Timothy Park, 2022

Charles Hutcheson, 1832

1 | 3 - 2 | 1 - 2 | 3 i 7 | 6 - i | 5 3 1 | 3 - 2 | 1 -

1.我 向 主 耶 和 华 举 手；我 的 心 渴 想 你，

2.耶 和 华 啊，我 恳 求 你 速 速 地 应 允 我！

3.求 你 使 我 清 晨 得 听 你 慈 爱 的 声 音，

3 | 3 - 2 | 1 3 5 | 6 2 i | 7 - 7 | i 5 6 | 3 - 2 | 1 - ‖

如 同 干 旱 之 地 盼 雨，我 的 心 渴 慕 你。

主 啊，我 的 心 神 耗 尽，不 要 向 我 掩 面。

使 我 知 道 当 行 的 路，我 的 心 仰 望 你。

求你使我清晨得听你慈爱之言，因我倚靠你；
求你使我知道当行的路，因我的心仰望你。

诗篇143篇8节

诗篇145篇1-5节(1)

DUKE STREET

1＝D $\frac{4}{4}$

arr. by Timothy Park,2014　　　　John Hatton, d. 1733

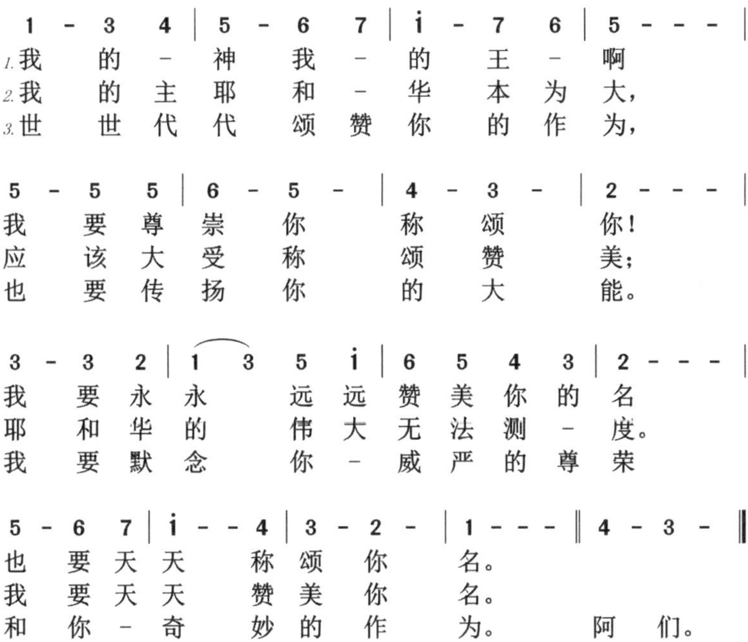

我的神我的王啊，我要尊崇你！
我要永永远远称颂你的名！

诗篇145篇1节

诗篇145篇1-5节(2)

RETREAT

1=C $\frac{3}{4}$

arr. by Timothy Park, 2014

Thomas Hastings, 1784-1872

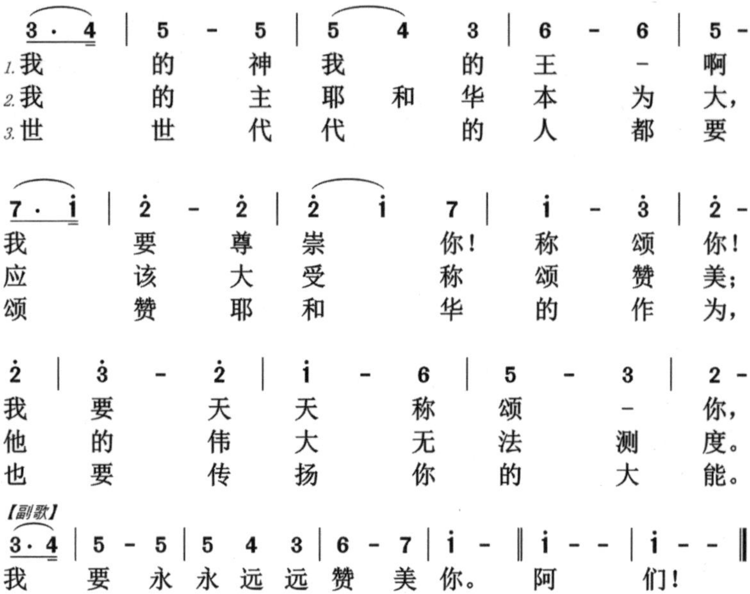

这代要对那代颂赞你的作为，也要传扬你的大能。
我要默念你威严的尊荣和你奇妙的作为。

诗篇145篇4-5节

诗篇148篇

PRAISE JEHOVAH

1 = F $\frac{4}{4}$

arr. by Timothy Park, 2021

William J. Kirkpatrick, 1838-1921

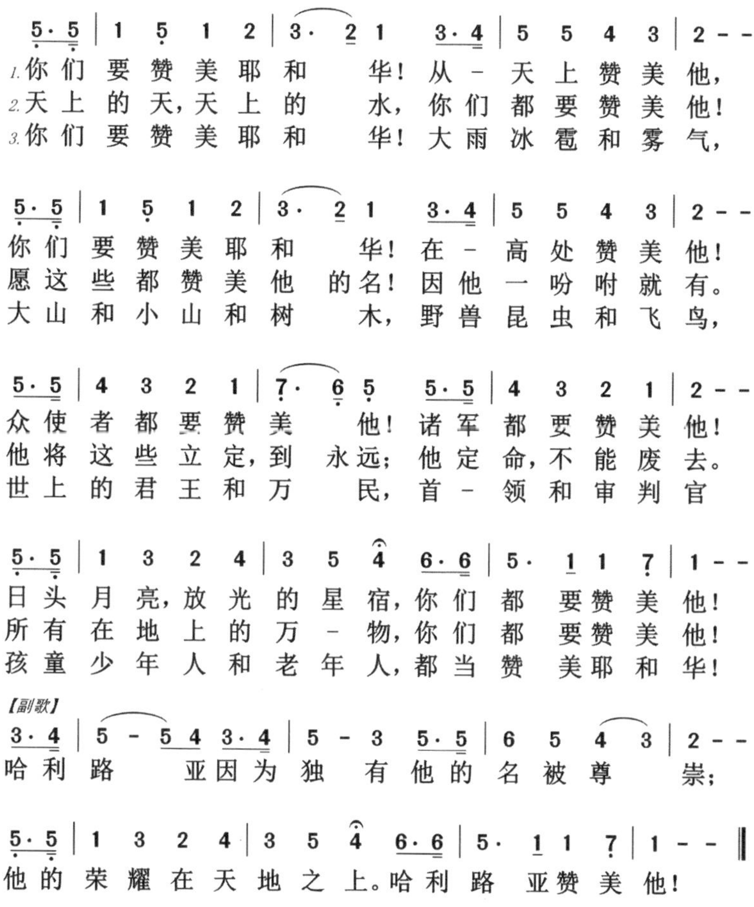

诗篇150篇

SICILIAN MARINERS

1 = D 4/4

arr. by Timothy Park, 2022

Sicilian Melody, 18th c.

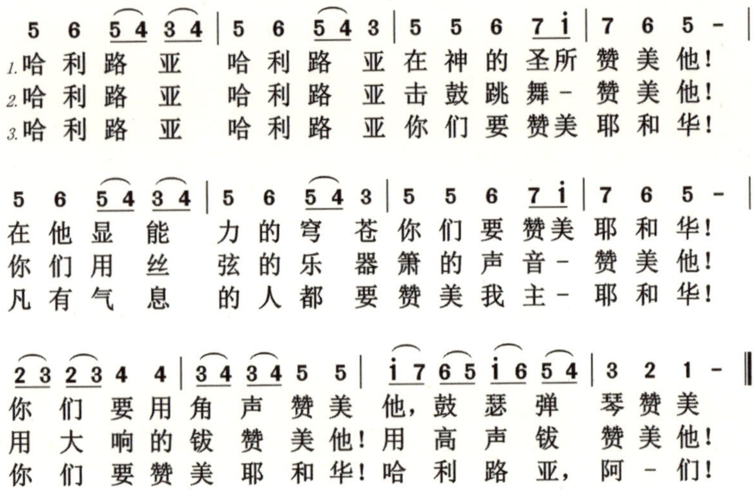

凡有气息的都要赞美耶和华！你们要赞美耶和华！

诗篇150篇6节

民数记6章24-26节(1)

DANA

1 = C $\frac{4}{4}$

arr. by Timothy Park, 2022 Andreas Peter Berggren, 1801-1880

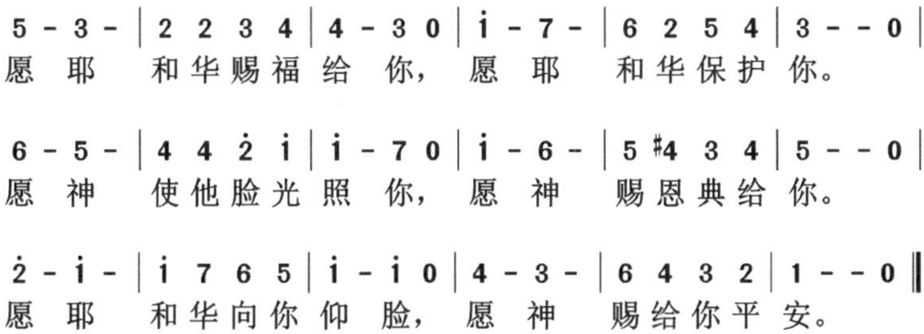

愿耶和华赐福给你，保护你。
愿耶和华使他的脸光照你，赐恩给你。
愿耶和华向你仰脸，赐你平安。

民数记6章24-26节

民数记6章24-26节(2)

TEMPLE BORO

1=C $\frac{3}{2}$

arr. by Timothy Park, 2022

F. Pinder, c. 1900

愿耶和华赐福给你，保护你。
愿耶和华使他的脸光照你，赐恩给你。
愿耶和华向你仰脸，赐你平安。

民数记6章24-26节

帖撒罗尼迦后书3章16，18节
希伯来书13章25节

STOERL

1 = D $\frac{4}{4}$

arr. by Timothy Park, 2022

C. Gregor's Choralbuch, 1784

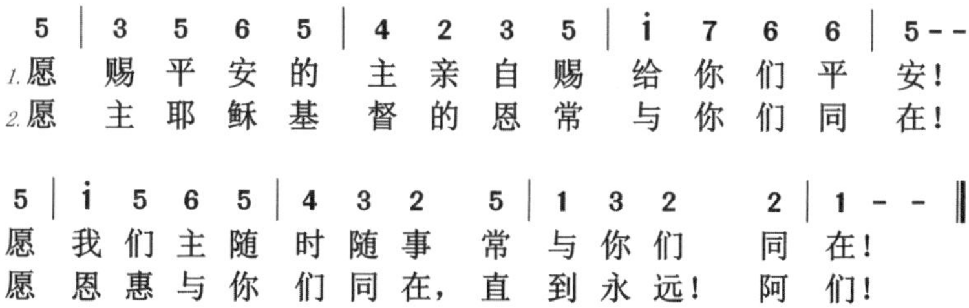

愿赐平安的主随时随事亲自给你们平安！
愿主常与你们众人同在！

帖撒罗尼迦后书3章16节

启示录7章12节

ST. MICHAEL

1=G $\frac{4}{4}$

arr. by Timothy Park, 2022 — Genevan Psalter, 1551

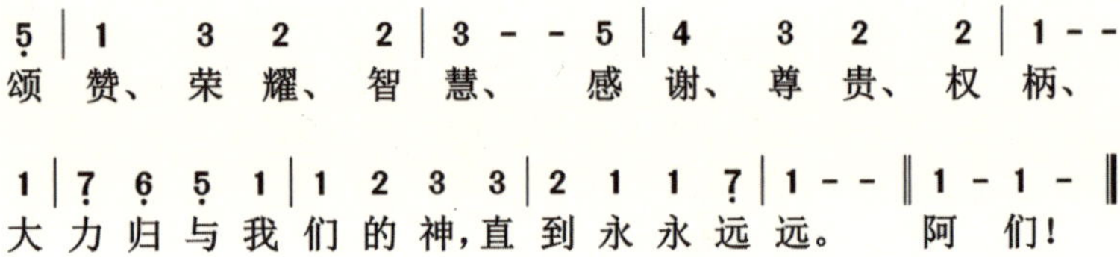

说：阿们！颂赞、荣耀、智慧、感谢、
尊贵、权柄、大力都归与我们的神，
直到永永远远。阿们！

启示录7章12节

威斯敏斯特小要理问答

Westminster Shorter Catechism

一问：人生的首要目的是什么？

答：人生的首要目的就是荣耀上帝， 并以他为乐，直到永远。

二问：上帝赐给我们什么准则以指导我们荣耀他，并以他为乐呢？

答：记载于旧新约圣经中的上帝的话语，是指导我们荣耀他，并以他为乐的惟一准则。

三问：圣经对人主要的教训是什么？

答：圣经对人主要的教训是：人对上帝当信什么，并且上帝要人当尽什么责任。

四问：上帝是怎样的上帝？

答：上帝是个灵，他的存有、智慧、权能、圣洁、公义、恩慈和信实，都是无限、永恒、不变的。

五问：上帝是独一的吗？

答：上帝是独一无二，又真又活的。

六问：上帝有几个位格？

答：上帝有三个位格：圣父，圣子，圣灵；这三个位格是同一上帝，同质，同权，同荣。

七问：上帝的预旨是什么？

答：上帝的预旨乃是他随己意定永恒的目的，为着他自己的荣耀，预定了万事。

八问：上帝怎样实施他的预旨？

答：上帝在创造之工和护理之工中实施他的预旨。

九问：上帝的创造之工是什么？

答：创造之工乃是上帝用他权能的话，六日之内从无中造出万有，并且都是很好的。

十问：上帝是怎样造人的？

答：上帝照着他自己的形象造人，乃是造男造女，有知识、公义和圣洁，并赋予他们治理万物的权柄。

十一问：上帝的护理之工是什么？

答：上帝的护理之工乃是：他极其圣洁地、智慧地、有权能地，继续保守，并统管他所创造的万有及其一切行动。

十二问：上帝对起初受造的人有什么特别的护理？

答：上帝创造了人，就与他立生命之约，以完全的顺服为条件；并用死的刑罚，禁止他吃分别善恶树上的果子。

十三问：我们的始祖守住起初受造的状况了吗？

答：我们的始祖在当初意志自由的状况中，因犯罪干犯上帝，便从起初受造的状况中堕落了。

十四问：罪是什么？

答：罪就是不遵行或违背上帝的律法。

十五问：是什么罪使我们的始祖从原来受造的状况中堕落的？

答：是吃禁果之罪使我们的始祖从原来受造的状况中堕落的。

十六问：全人类都在亚当的首次犯罪中堕落了吗？

答：上帝与亚当所立的约，不仅是为他，也是为他的后裔，所以那按常例而生由他传下的全人类，都在他里面犯了罪，在他首次犯罪中与他一同堕落了。

十七问：堕落使人类处于什么状况之中？

答：堕落使人类处于罪恶和愁苦的状况之中。

十八问：人堕落后所处的有罪状况在于什么？

答：人堕落后所处的有罪状况在于亚当第一次犯罪所负的罪债，原义的丧失，和整个人性的败坏，即所谓原罪，以及由原罪所生发的本罪。

十九问：人堕落后所带来的愁苦是什么？

答：全人类因堕落而丧失了与上帝的交通，并处于他的忿怒和咒诅之下，因此当受今生的一切痛苦、死亡和地狱永远的苦楚。

二十问：上帝任凭全人类在罪恶和愁苦中灭亡吗？

答：上帝既然完全因着他自己的美意，从永恒拣选了一些人得永生，便与他们立恩典之约，藉一位救赎主把他们从罪恶和愁苦中救出来，使他们进入得救的状况。

二十一问：谁是上帝选民的救赎主？

答：上帝选民惟一的救赎主乃是主耶稣基督，他是上帝永恒之子，成为人，因此曾经是，并且继续是神人二性，一个位格，直到永远。

二十二问：基督既是上帝之子，是怎样成为人的？

答：上帝之子基督取了人实在的身体和有理性的灵魂，成为人，因着圣灵的权能，在童女马利亚腹中成孕，从她出生，只是没有罪。

二十三问：作为我们的救赎主，基督执行什么职分？

答：作为我们的救赎主，基督执行先知、祭司和君王的职分，他在降卑和升高中都是如此。

二十四问：基督怎样执行先知的职分呢？

答：基督执行先知的职份，是藉他的道和灵，向我们启示上帝拯救我们的旨意。

二十五问：基督怎样执行祭司的职分呢？

答：基督执行祭司的职分，是一次将他自己献上为祭，满足了上帝的公义，使我们与上帝和好，并为我们继续代求。

二十六问：基督怎样执行君王的职分呢？

答：基督执行君王的职分，在于征服我们归向他，统管并保护我们，抑制并战胜他和我们所有的仇敌。

二十七问：基督的降卑在于什么？

答：基督的降卑是在于生于卑微的状况中，处在律法之下，受此生的苦楚，上帝的忿怒，和十字架上被咒诅的死，又被埋葬，一时处于死的权势之下。

二十八问：基督的升高在于什么？

答：基督的升高是在于他第三天从死里复活，升天，坐在父上帝的右边，末日再来审判世界。

二十九问：我们怎样才能分享基督所买来的救赎呢？

答：我们分享基督所买来的救赎，乃是靠圣灵将它有效地运用到我们的身上。

三十问：圣灵怎样将基督所买来的救赎运用到我们身上呢？

答：圣灵将基督所买来的救赎运用到我们身上，乃是藉着他在我们里面所生发的信心，这样便使我们因有效的蒙召，从而与基督联合。

三十一问：什么是有效的恩召？

答：有效的恩召是圣灵的工作，他使我们确知自己有罪，并处于愁苦之中，又光照我们的理性，使我们认识基督，更新我们的意志，就说服我们，使我们能够接受在福音里白白赐给我们的耶稣基督。

三十二问：有效蒙召的人今生享受什么福分？

答：有效蒙召的人今生享受称义、得儿子的名分、成圣，以及随之而来的各样福分。

三十三问：什么是称义？

答：称义是上帝的作为，出于他白白的恩典，由此而赦免我们一切的罪，并悦纳我们为义人，这仅是因为基督的义归于我们，且惟独用信心才能接受的 。

三十四问：什么是得儿子的名分？

答：得儿子的名分是上帝的作为，出于他白白的恩典，使我们因此被纳入上帝众子的数目中，并享有作上帝儿子的一切特权。

三十五问：什么是成圣？

答：成圣是上帝的作为，出于他白白的恩典，使我们整个的人照着上帝的形象被更新，并得以愈来愈能向罪而死，向义而活。

三十六问：我们今生从称义、得儿子的名分和成圣得到什么益处呢？

答：今生从称义、得儿子的名分和成圣所得的益处乃是：对上帝慈爱的确信，良心的平安，在圣灵里的喜乐，恩典的增多，和在其中至终的保守。

三十七问：信徒死时从基督领受什么益处？

答：信徒死时，他们的灵魂在圣洁上达于完全，并且立刻进入荣耀里；他们的身体仍旧与基督联合，暂时安息在坟墓中，直到复活之时。

三十八问：在复活的时候，信徒从基督领受什么恩惠？

答：在复活的时候，信徒既然在荣耀中复活，就在审判日当众被主承认，判为无罪，并在充分以上帝为乐中完全蒙他赐福，直到永远。

三十九问：上帝要人守什么本分？

答：上帝要人所守的本分乃是顺服他显明的旨意。

四十问：上帝起初向人启示了什么作为顺服他的标准呢？

答：上帝起初向人启示了道德律作为顺服他的标准。

四十一问：道德律集中体现在什么里面？

答：道德律集中体现在十诫里面。

四十二问：十诫的总纲是什么？

答：十诫的总纲就是：我们要尽心、尽性、尽力、尽意爱主我们的上帝；又要爱人如己。

四十三问：十诫的序言是什么？

答：十诫的序言是："我是耶和华你的上帝，曾将你从埃及地为奴之家领出来"。

四十四问：十诫的序言教训我们什么？

答：十诫的序言教训我们，因为上帝是主、我们的上帝和救赎者，所以我们有责任遵守他的一切诫命。

四十五问：第一条诫命是什么？

答：第一条诫命是："在我面前（合和本译为"除我以外"），你不可有别的神"。

四十六问：第一条诫命吩咐什么？

答：第一条诫命吩咐我们要认识并承认上帝是独一的真神，是我们的上帝；并要如此去崇拜他，荣耀他。

四十七问：第一条诫命禁止什么？

答：第一条诫命禁止我们否认、不敬拜或不荣耀真神为上帝，为我们的上帝，又禁止我们将只当归于他的崇拜和荣耀归于任何受造物。

四十八问：第一条诫命中"在我面前"一语特别教训我们什么？

答：第一条诫命中"在我面前"一语教训我们，上帝无所不见，他注意到人另有别神之罪，大为不悦。

四十九问：第二条诫命是什么？

答：第二条诫命是："你不可为自己雕刻偶像；也不可作什么形像，仿佛上天、下地和地底下、水中的百物。不可跪拜那些像；也不可事奉他，因为我耶和华你的上帝是忌邪的上帝。恨我的，我必追讨他的罪，自父及子，直到三四代；爱我守我诫命的，我必向他们发慈爱，直到千代"。

五十问：第二条诫命吩咐什么？

答：第二条诫命吩咐我们对上帝在圣经中所指定的宗教崇拜和蒙恩之道，要接受遵守，保持纯全。

五十一问：第二条诫命禁止什么？

答：第二条诫命禁止人用任何形像，或用圣经中所未指定的其它任何方式敬拜上帝。

五十二问：第二条诫命所附加的理由是什么？

答：第二条诫命上附加的理由乃是：上帝对我们拥有主权，我们是属他的子民，并且他是忌邪的，要我们专心敬拜他。

五十三问：第三条诫命是什么？

答：第三条诫命是："你不可妄称耶和华你上帝的名，因为妄称他名的，耶和华必不以他为无罪"。

五十四问：第三条诫命吩咐什么？

答：第三条诫命吩咐人圣洁恭敬地使用上帝的名字、尊称、属性、蒙恩之道、话语和作为。

五十五问：第三条诫命禁止什么？

答：第三条诫命禁止人亵渎或滥用凡上帝用以显明他自己的一切。

五十六问：第三条诫命所附加的理由是什么？

答：第三条诫所附加的理由乃是：虽然那干犯这条诫的人可以逃避人的刑罚，但是主我们的上帝却不容他逃避他公义的审判。

五十七问：第四条诫命是什么？

答：第四条诫命是："当记念安息日，守为圣日。六日要劳碌作你一切的工；但第七日是向耶和华你上帝当守的安息日；这一日你和你的儿女、仆婢、牲畜，并你城里寄 居的客旅，无论何工都不可作，因为六日之内，耶和华造天、地、海和其中的万物，第七日便安息，所以耶和华赐福与安息日，定为圣日"。

五十八问：第四条诫命吩咐什么？

答：第四条诫命吩咐人将圣经所规定的时日都向上帝守为圣；他特意指定七日内一整天叫人向他守为圣安息日。

五十九问：上帝指定七日的哪一日为安息日？

答：上帝从世界的开始到基督复活，指定一周的第七日为安息日；此后直到世界的末了，指定一周的第一日为基督徒的安息日。

六十问：怎样才是尊安息日为圣？

答：尊安息日为圣，乃是整日合乎圣洁地安息，甚至停止平日那些合乎上帝律法的属世职务和娱乐；并用全部时间与众人一起或在家中敬拜上帝，只有为着必须的工作和施行怜悯所占的时间才是例外。

六十一问：第四条诫命禁止什么？

答：第四条诫禁止人对那当守的本分忽略或塞责，并禁止人因怠惰，或行本来有罪的事，或对俗务或娱乐发生不必需的心思、言语或行为，以致亵渎此日。

六十二问：第四条诫命所附加的理由是什么？

答：第四条诫命所附加的理由是：上帝让我们一周之内有六日作自己的工，他要我们特别尊重第七日，他自己也作了榜样，并且赐福于安息日。

六十三问：第五条诫是什么？

答：第五条诫是："当孝敬父母，使你的日子在耶和华你上帝所赐你的地上，得以长久"。

六十四问：第五条诫命吩咐什么？

答：第五条诫命吩咐人按照各人的尊卑长幼，履行自己的本分，并给予对方当受的尊重。

六十五问：第五条诫命禁止什么？

答：第五条诫命禁止人忽略或违反各人按其地位和身分当受的尊重和当得的侍奉。

六十六问：第五条诫命所附加的理由是什么？

答：第五条诫命所附加的理由是：有长寿和兴盛的应许（只要是为了荣耀上帝，造福自己）赐给凡遵守此诫命的人。

六十七问：第六条诫命是什么？

答：第六条诫是：“不可杀人”。

六十八问：第六条诫命吩咐什么？

答：第六条诫命吩咐人运用合乎上帝律法的各种方法，竭力保全自己和他人的生命。

六十九问：第六条诫禁止什么？

答：第六条诫禁止我们自杀，或不义地夺去邻舍的生命，或有任何这样的倾向。

七十问：第七条诫命是什么？

答：第七条诫命是：“不可奸淫”。

七十一问：第七条诫命吩咐什么？

答：第七条诫命吩咐我们在心思、言语和行为上，保守自己和邻舍的贞洁。

七十二问：第七条诫命禁止什么？

答：第七条诫禁止一切不洁的心思、言语和行为。

七十三问：第八条诫命是什么？

答：第八条诫命是：“不可偷盗”。

七十四问：第八条诫命吩咐什么？

答：第八条诫命吩咐我们，以合乎上帝律法的方式，取得并增加自己与别人的财富和产业。

七十五问：第八条诫命禁止什么？

答：第八条诫命禁止一切不正当地损害我们自己和邻舍的财富或产业的言行。

七十六问：第九条诫是什么？

答：第九条诫命是：“不可作假见证陷害人”。

七十七问：第九条诫命吩咐什么？

答：第九条诫命吩咐人维护并促进人与人之间的诚实，以及我们自己和邻舍的好名声，尤其是在作见证时更当如此。

七十八问：第九条诫命禁止什么？

答：第九条诫命禁止有损诚实，有害我们自己或邻舍好名声的一切言行。

七十九问：第十条诫命是什么？

答：第十条诫命是："不可贪恋人的房屋；也不可贪恋人的妻子、仆婢、牛驴，并他一切所有的"。

八十问：第十条诫命吩咐什么？

答：第十条诫命吩咐我们要对自己的境况完全知足，用正直仁爱的精神对待邻舍及其所拥有的一切。

八十一问：第十条诫命禁止什么？

答：第十条诫命禁止我们对自己的现状不满，对邻舍的善况嫉妒、难受，并对他所拥有的表现出非分的举动和感受。

八十二问：人能完全遵守上帝的诫命吗？

答：自从堕落以来，无人能在今生完全遵守上帝的诫命；反倒天天在心思、言语和行为上，违背上帝的诫命。

八十三问：一切违反上帝律法的罪都是同等可憎的吗？

答：在上帝眼中，有些罪因其本身，或因诸般加重情节，比别的罪更是可憎。

八十四问：每个罪该受什么处罚？

答：每个罪在今生和来生都该遭受上帝的忿怒和咒诅。

八十五问：上帝为叫我们逃避因自己的罪所当受的烈怒和咒诅，对我们有什么吩咐呢？

答：上帝为叫我们逃避因自己的罪所当受的烈怒和咒诅，吩咐我们信耶稣基督，悔改得生，并殷勤使用基督藉以将救赎恩惠赐给我们的一切外在工具。

八十六问：什么是信耶稣基督？

答：信耶稣基督是一种使人得救的美德，藉此使我们照福音所提供的基督接待他，并惟独靠他得救。

八十七问：什么是悔改得生？

答：悔改得生是一种使人得救的美德，藉此一个罪人，由于确实觉知自己有罪，并领悟到上帝在基督里的怜悯，就对自己的罪忧伤恨恶，从而离弃罪，归向上帝，并真心致力于顺服上帝。

八十八问：基督藉什么外在和通常工具将救赎的益处赐给我们呢？

答：基督藉以将救赎的益处赐给我们的外在和通常工具，就是他的赐恩之道，特别是圣经、圣礼和祷告，他使这一切在选民身上生效，使他们得救。

八十九问：圣经怎样对人有拯救的效力呢？

答：上帝的灵使读经，尤其是讲道，成为有效的工具，使罪人知罪归正，并使他们因着信心在圣洁和安慰上得到建造。

九十问：怎样读经听道，才能使上帝的圣言对人有拯救的效力呢？

答：要使上帝的圣言对人生发拯救的效力，我们必须用勤勉、预备和祷告来读经听道，用信与爱去领受真道，存在心里，并在生活中实行出来。

九十一问：圣礼怎样成为救恩的有效工具 ？

答：圣礼成为救恩的有效工具，并非因其本身有什么功效，或施行者本人有什么功德，而只是由于基督所赐的祝福，和圣灵在那些以信心领受圣礼之人心中的运行。

九十二问：什么是圣礼？

答：圣礼是基督所设立的神圣的蒙恩之道，这有形的记号代表基督和新约的恩惠，并向信徒印证、施与。

九十三问：什么是新约的圣礼？

答：新约的圣礼是洗礼和圣餐。

九十四问：什么是洗礼？

答：洗礼是圣礼。我们在其中奉父、子、圣灵的名受水洗，代表并印证我们与基督联合，承受恩典之约的恩惠，并且归属主。

九十五问：应为谁施洗呢？

答：对有形教会以外的人，要到他们认信基督，并且愿意顺服他时，才给他们施洗；但有形教会之成员的婴孩都应受洗。

九十六问：什么是圣餐？

答：圣餐是圣礼。我们在其中照基督的吩咐分发并领受饼和酒，以表明他的死；配领受者并非属物质地或属肉体地，而是藉着信心领受他的体和血，以及其一切恩惠，使他们的灵命得滋养，在恩典里有长进。

九十七问：为了配领圣餐，应当怎样行？

答：为了配领圣餐，应当自己省察，是否有分辨主的身体的知识，是否用信心吃喝，是否有悔改、爱心和真顺服，免得不按理吃喝，自取审判。

九十八问：什么是祷告？

答：祷告是奉基督的名，向上帝表明我们的心愿，祈求合乎他旨意的事，承认我们的罪，并感谢他的怜悯。

九十九问：上帝赐给什么标准，指导我们祷告呢？

答：全部圣经是指导我们祷告的标准；但指导我们祷告的特别标准是基督教训他门徒的祷告方式，通常称为主祷文。

一百问：主祷文的序言教训我们什么？

答：主祷文的序言是："我们在天上的父"，这是教训我们要用敬畏和信靠的心就近上帝，如同儿女就近一个随时能够和乐意帮助他们的父亲一般，又是教训我们应当与别人一同祷告，并为他们祷告。

一百零一问：我们在第一祈求中求什么？

答：我们在第一祈求"愿人都尊你的名为圣"中，求上帝帮助我们和别人，在凡为他用以显明自身的一切事上荣耀他，并求他行作万事，使他自己得荣耀。

一百零二问：我们在第二祈求中求什么？

答：我们在第二祈求"愿你的国降临"中，求上帝使撒但的国灭亡，使他恩典的国得以进展，使我们和别人都被接纳，且蒙保守在此国中，并使他荣耀的国速速临到。

一百零三问：我们在第三祈求中求什么？

答：我们在第三祈求"愿你的旨意行在地上，如同行在天上"中，求上帝藉着他的恩典，使我们能够并且愿意在凡事上知道并顺服他的旨意，如同天使在天上所行的一般。

一百零四问：我们在第四祈求中求什么？

答：我们在第四祈求"我们日用的饮食，今日赐给我们"中，求上帝出于他白白的恩赐，使我们领受今生所需用的好东西，并且求他赐福，使我们得以享用。

一百零五问：我们在第五祈求中求什么？

答：我们在第五祈求"免我们的债，如同我们免了人的债"中，求上帝因基督的缘故，白白饶恕我们一切的罪；并且我们也受鼓励去如此求，因为藉着他的恩典，我们能够发自内心地饶恕别人。

一百零六问：我们在第六祈求中求什么？

答：我们在第六祈求"不叫我们遇见试探，救我们脱离凶恶"中，求上帝保守我们不受试探，以致犯罪，或是当我们受试探时，扶助我们，拯救我们。

一百零七问：主祷文的结语教训我们什么？

答：主祷文的结语说："因为国度，权柄，荣耀，全是你的，直到永远，阿们。"这是教训我们惟独因上帝得祷告的鼓励，并在我们的祷告中赞美他，将国度、权柄、荣耀归于他；最后为了表明我们希望他垂听我们的祈求，又深信必蒙垂听，就说阿们。